ORGANIZATION DEVELOPMENT 01
조직개발의 실제

ORGANIZATION DEVELOPMENT 01

조직개발의 실제

변화관리와 회의문화

허연, 최익성 지음

일하는 방식을 바꾸는 가장 현실적인 두 가지 도구

변화는

안 하던 행동을 하는 것이다

안 하던 생각을 하는 것이다

안 가지던 느낌을 가지는 것이다

또는

하던 행동을 안 하는 것이다

하던 생각을 안 하는 것이다

익숙한 느낌을 안 가지는 것이다

차례

프롤로그 | 조금 일찍 알았더라면 / 009

PART 1

변화관리
일하는 방식을 바꾸는 원리

---

01 **밀어붙이기식 변화관리**,
무엇이 문제이고 어떻게 극복할 것인가? ——— 017

02 **변화의 긴박감과 당위성**,
효과적으로 전달하려면 무엇이 필요한가? ——— 029

03 **변화의 추진력을 만드는 핵심 집단**은
누구여야 하는가? ——— 037

04 **변화의 비전**,
어떻게 설계하고 조직 내 공유를 극대화할 것인가? ——— 049

05 **변화의 저항**은 왜 발생하며,
어떻게 **실질적으로 극복**할 수 있는가? ——— 061

06	**변화관리 모델,** 언제 어떻게 적용해야 효과적인가?	077
07	**윌리엄 브릿지의 변화 프로세스**는 우리에게 어떤 통찰을 주는가?	091
08	변화 과정에서 **구성원의 참여를 유도**하는 **커뮤니케이션 전략**은 무엇인가?	105
09	변화의 **초기 동력**을 확보하기 위한 **단기 성과**는 어떻게 끌어낼 수 있는가?	123
10	**부서 간 장벽을 넘는 협업**, 어떻게 촉진하고 유지할 수 있을까?	137
11	어떻게 **변화**를 **지속**할 것인가?	159

PART 2

회의문화 혁신
일하는 방식을 바꾸는 실천의 시작점

01 **회의문화 혁신**,
   왜 이렇게 어려운 것인가? —————————————— 169

02 우리 조직에 가장 적합한 **회의문화**,
   어떻게 정의하고 설계할 것인가? ————————————— 175

03 **글로벌 기업**들은 어떤 **회의문화**를 통해
   성과를 창출하고 있는가? —————————————— 183

04 **회의를 다각도로 분석**하면
   무엇이 보이는가? ————————————————— 189

05 **회의의 시간과 형식**,
   언제 어떻게 구성해야 가장 효과적인가? ——————————— 195

06 회의 성패를 가르는 **준비 과정**,
   무엇을 어떻게 해야 하는가? ————————————— 203

07 회의에서 **침묵하는 구성원**,
   어떻게 변화시킬 수 있는가? ————————————— 211

| 08 | **솔직한 발언과 자유로운 제안**, 어떻게 가능하게 만들 것인가? | 219 |

| 09 | 회의에서 **지적 솔직함**이 중요한 이유는 무엇인가? | 227 |

| 10 | 회의에서 **생산적인 토론을 활성화**하려면 무엇이 필요한가? | 235 |

| 11 | 회의의 성패를 가르는 **커뮤니케이션 스킬**, 어떻게 숙련될 수 있을까? | 243 |

| 12 | 회의에서 **문제 해결과 기회 발견**, 그 균형은 어떻게 잡아야 하는가? | 253 |

| 13 | **팀 리추얼**을 회의에 적용하면 조직문화에 어떤 변화가 일어나는가? | 259 |

| 14 | **회의 운영 가이드라인**, 실천력을 높일 수 있는 방법은 무엇인가? | 267 |

| 15 | **정보 공유성 회의**는 어떻게 해야 하는가? | 277 |

| 16 | **AI 시대 회의**, 어떤 방식으로 진화하고 있는가? | 287 |

에필로그 | 중요한 것은 포기하지 않는 것이다 / 295

프롤로그
조금 일찍 알았더라면

어떤 조직도 실패를 염두에 두고 변화를 시작하지 않는다. 그런데도 변화에 대한 외침은 자주 좌절된다. 조직에 소속되면 흔히 듣는 말이 있다. "올해는 어렵다", "변화가 필요하다", "혁신이 필수적이다", "이대로는 안 된다". 조직은 끊임없이 변화를 역설하고 혁신을 강조하지만, 정작 그 시도들은 번번이 좌절로 귀결된다. **변화는 시작은 힘들고, 중간은 혼란스러우며, 끝에 비로소 아름답다.** 대부분의 조직은 시작의 어려움만 겪고는 끝까지 가지 못한 채 중도에 멈춘다. 변화를 주장하면 구성원들은 '또 말 잔치겠지' 하는 냉소에 빠지고, 변화 피로도와 혁신 피로도만 증대된다. 새로운 시도에 대한 반응은 점차 무뎌지고, 적극적인 태도는 소멸하며, "안 될 것이다", "뻔한 결과이다"라는 체념이 일상이 된다. 변화가 시대적 과제가 된 이 시점에 변화 자체를 논하는 것이 역설적으로 느껴지며 때로는 사치처럼 여겨지기도 한다.

이 책은 변화에 대한 거창한 담론이나 고차원적인 정의에서 출발하지 않았다. 오히려 변화를 위한 최소한의 시도, 그리고 그 시도를 지속하기 위한 현실적 방법에 집중하였다. **변화의 길을 앞서 걸었던 이들이, 결코 간과해서는 안 될 가치들과 그것을 실현할 수 있는 구체적인 실행 전략을 정리**한 것이다. 두 저자가 수년간 현장에서 직접 부딪히며 얻은 통찰과 경험을 바탕으로 집필하였다. 다음 세대의 변화 추진자들이 이 험난한 길을 조금이라도 덜 힘들게 나아가도록 돕기 위해 저술되었으며, 조직개발 전문가, 변화관리 실무자, 조직문화 담당자, 인사HR 및 혁신 부서 구성원, 그리고 전략과 문화에 대한 고민을 멈추지 않는 임원과 최고경영자CEO에게 작은 이정표가 되기를 바란다. 두 저자가 "조금만 더 일찍 알았더라면…" 하고 되뇌었던 실전의 교훈이 담겨 있다.

오늘날 기업은 거대한 변화의 물결 한가운데 놓여 있다. 기술의 발전, 급변하는 시장 환경, 증대되는 고객 기대, 사회적 책임에 대한 요구는 조직이 매년 새로운 혁신을 선언하도록 이끈다. 경영진은 전략을 수정하고, 디지털 전환, ESG 경영, 애자일 조직, 플랫폼 구조 등을 시도한다. 그러나 다수의 구성원 마음속에는 여전히 이러한 질문이 잔류한다. "그렇게 많은 변화를 시도했는데, 왜 우리의 일하는 방식은 그대로일까?" 이는 단순한 업무 방식에 대한 아쉬움을 넘어 조직의 생명력과 몰입, 그리고 변화에 대한 신뢰 자체에 대한 근본적인 질문에 해당한다.

이 책은 바로 이 질문에 명확하고 실질적인 해답을 제시하고자 한다. **'변화관리'와 '회의문화 혁신'이라는 두 가지 주제에 주목한다.** 얼핏 보면 별개의 주제처럼 보일 수 있으나, 사실 이 두 영역은 조직 혁신을 이루는 '양 날개'와 같다. 한쪽 날개는 전략적 방향과 비전을 제시하고, 다른 날개는 그 비전이 일상의 실행으로 이어지도록 만든다. 이 두 날개가 함께 작동할 때, 조직은 비로소 일하는 방식을 변화시키고 조직의 DNA를 새롭게 구축할 수 있다. 이 책을 통해 독자들은 막연한 두려움과 좌절을 넘어, 실행 가능한 행동 지침을 만날 수 있을 것이다. 특히, 조직개발의 관점에서 변화관리와 회의문화 혁신이 어떻게 유기적으로 연결되어 조직의 성장과 발전을 끌어낼 수 있는지에 대한 실질적인 도구와 접근법을 제시하는 데 집중하였다.

그동안 다수의 조직에서 변화관리는 '무엇을 할 것인가'에 초점을 맞춰왔다. 선언적 목표와 전략 수립에는 열정을 쏟았으나, 그 변화가 실제로 구성원의 일상에서 어떻게 작동하고 내면화되는지에 대한 고민은 부족하였다. 이제 변화의 핵심은 '어떻게 할 것인가'로 이동하고 있다. 그것은 결국 구성원들이 매일 협업하고 소통하며 의사결정을 내리는 구조와 맥락을 변화시키는 것이다. 여전히 많은 조직은 변화관리조차 과거처럼 '위에서 아래로' 밀어붙인다. 리더가 방향을 설정하고 교육을 통해 구성원을 이끌려 한다. 그러나 이러한 하향식 접근 방식은 진정한 변화를 끌어내기 어렵다. 변화는 명령으로 강제될 수 없다. 사람들은 스스로 이해하고 수용하며, 기꺼이 선택할 때 비로소 움직인다. 이러한 심리적 오너십ownership 없이 이루어지는 변화는 바람 앞의 모래성과 같다.

제1부에서는 기존 변화관리 방식에 근본적인 질문을 던진다. 변화는 단순히 설득하는 과정이 아니라 탐색이어야 하며, 위에서 내리는 탑다운Top-down 방식이 아니라, 중간 관리자를 중심으로 한 **'미들아웃Middle-out' 접근 방식이 효과적임을 설명한다.** 또한 변화에 저항하는 이들을 단순한 방해자가 아니라 중요한 신호로 해석해야 한다는 관점을 제시한다. 이들의 저항은 종종 간과된 이해관계, 감정석 불안, 미흡한 소통 때문인 경우가 많다. 진정한 변화는 단순한 메시지 전달을 넘어서, 프로세스, 역할, 보상, 회의, 성과 등 모든 조직 구조를 새롭게 정렬하는 일에 해당한다. 이는 조직개발의 핵심 원리인 '시스템적 사고'에 기반한 접근으로, 부분적 변화가 아닌 총체적 변화를 지향한다.

그렇다면 이러한 변화의 불씨는 어디서 시작되는가? 바로 **회의실**이다. 회의는 조직문화의 거울이며, 일하는 방식이 집약되는 무대이다. 구성원들이 자유롭게 발언하지 못하고, 리더만 발언하며, 결론 없는 회의가 반복된다면 이는 그 조직의 문화가 병들어 있다는 명확한 신호이다. 회의문화는 조직의 실행력을 좌우한다. 그러므로 회의문화의 혁신은 단순한 기술적 개선이 아니라 변화의 첫걸음이자 핵심이다. 회의에서의 작은 변화가 조직 전체의 동력을 바꾸는 출발점이 된다. 이는 조직개발에서 강조하는 '개입Intervention'의 한 형태로, 일상적인 업무 환경 속에서 변화를 실험하고 확산시키는 중요한 장이 된다.

제2부에서는 회의를 일하는 방식으로 재구성하는 구체적인 실천법을 다룬다. 회의 안건을 질문 중심으로 설계하고, 침묵의 원인을 분석하며, 심리적 안정감과 수평적 대화 구조를 만들어 가는 방법 등을 제시한다. 회의는 조직 혁신의 실험실이다. 그 안에서 구성원이 스스로 사고하고 발언하며 결정할 수 있을 때, 조직은 살아 움직이기 시작한다. 이는 '참여적 리더십'과 '임파워먼트'라는 조직개발의 핵심 가치를 회의라는 구체적인 장에서 실현하는 방안을 제시하는 것이다.

결국 조직은 전략만으로는 변화하지 않는다. **사람과 일하는 방식이 함께 변화해야 한다.** 변화관리와 회의문화 혁신은 별개의 과제가 아니라, 상호 보완적이고 필수적인 연결 고리이다. 이 책은 추상적인 구호가 아닌 구체적인 설계와 실행 방안을 통해, 조직이 실질적으로 변화할 수 있도록 안내하고자 한다. 독자 여러분이 이 책을 '조금만 더 일찍' 만났더라면, 오늘의 회의 하나, 프로젝트 하나, 그리고 조직의 하루가 지금보다 더 나아질 수 있었으리라는 마음을 담았다. 이 책이 변화 여정에 든든한 나침반이 되기를 바란다.

PART 1

변화관리

:

일하는 방식을
바꾸는 원리

01

밀어붙이기식 변화관리, 무엇이 문제이고 어떻게 극복할 것인가?

변화는 언제나 조직의 중심 과제다. 구성원의 사고방식과 행동을 바꾸고, 리더십의 방식과 일하는 체계, 의사결정 구조를 변화시키며, 결과적으로는 조직의 존재 방식 자체를 바꾸려는 시도들이 반복된다. 격변하는 시장 환경과 기술 변화 속에서 변화는 선택이 아닌 생존을 위한 전제조건으로 여겨진다. 리더십의 본질이란 결국 변화의 방향을 제시하고, 그 변화가 조직 구성원들의 일상적 행동 속에 구현되도록 만드는 힘이라 할 수 있다. 그래서 리더는 늘 질문하게 된다. 어떻게 하면 구성원들이 공동의 목표를 향해 서로 존중하고 협력하게 만들 수 있을까? 어떻게 하면 위계적이고 관료주의적인 문화를 넘어서 수평적이고 창의적인 조직문화를 구축할 수 있을까? 어떻게 하면 부서 간 협력과 소통을 촉진하고, 조직 전체가 하나의 유기체처럼 작동하게 만들 수 있을까?

많은 조직은 이 질문에 답하기 위해 회의문화를 개선하고, 일하는 방식을 명확히 정립하는 컬처덱이나 행동강령^{CoC}을 수립하며, 다양한 커뮤니케이션 채널을 통해 경영진의 메시지를 구성원에게 전달한다. 하지만 글로벌 조사 기관들이 공통으로 보고하는 바에 따르면 변화관리의 실패율은 평균 70%에 달한다. 변화는 계획보다 훨씬 더 어렵고, 결과는 계획만큼 깔끔하지 않다. 조직 차원의 변화 노력이 눈에 띄는 성과로 이어진 경험이 있느냐는 질문에 자신 있게 "그렇다"고 대답하는 조직은 많지 않다. 심지어 혁신의 리더로 손꼽히던 기업조차도, 변화에 뒤처져 경쟁사에 시장을 내어주고, 인재들이 조직을 떠나며, 매출과 수익이 급감하는 깊은 좌절을 경험한다. 이런 상황에서 HR, 조직문화, 변화관리 담당자들은 '변화가 절실한데, 더 이상 쓸 카드가 없다'는 한계에 부딪힌다. 이미 수없이 시도했던 것들, 회의문화 개선, 리더십 교육, 전략 캠페인, CoC 수립 등의 방식은 더 이상 구성원을 움직이지 못한다.

이런 현실적 한계 앞에서 우리는 질문을 바꿔보기로 했다. '우리가 시도한 변화관리 방식 그 자체가 문제는 아니었을까?' 변화관리 관련 이론들을 다시 검토해 보기 시작했다. 존 코터John Kotter의 8단계 변화 모델, 매킨지 7S, ADKAR, 윌리엄 브릿지의 트랜지션 모델까지 주요 모델들을 프로세스 관점, 조직 관점, 개인 관점에서 여러모로 살펴보았다. 그리고 그 과정에서 드러난 공통된 패턴 하나가 눈에 들어왔다. 그것은 대부분의 변화관리 방식이 구조적이거나 전략적으로는 정교했지만, 그 실행 방식에서는 '푸싱pushing', 즉 밀어붙이기 방식에 기초하고 있었다는 사실이다.

    이 푸싱 방식은 다음과 같은 전제를 바탕으로 한다. 구성원에게 변화의 필요성을 잘 설명하고, 변화가 정당하다는 논리를 제공하면 구성원은 따라올 것이라는 믿음. 변화에 대한 설득이 논리적으로 잘 이뤄지기만 하면, 사람들은 순응하게 될 것이라는 가정. 그리고 각자의 역할에 따라 무엇을 해야 하는지를 구체적으로 안내하면 구성원들은 실행할 것이라는 기대. 그러나 실제 현장에서 드러나는 반응은 이와는 달랐다. 구성원들은 조직이 자신에게 무언가를 요청하거나 지시할 때, 그것이 아무리 타당한 이유와 근거가 있다고 하더라도 무의식적 저항, 회피, 심지어 반발의 태도를 보이게 된다. 심리학자들은 이를 '자율성에 대한 위협'으로 설명한다. 사람들은 스스로 선택했다는 감각이 없을 때, 그 변화에 대해 감정적으로 저항하게 되는 경향이 있다. 겉으로는 순응하는 듯 보여도, 실제로는 변화의 정당성을 의심하며, 왜 그것이 맞지 않는지에 대한 논리를 만들어 간다.

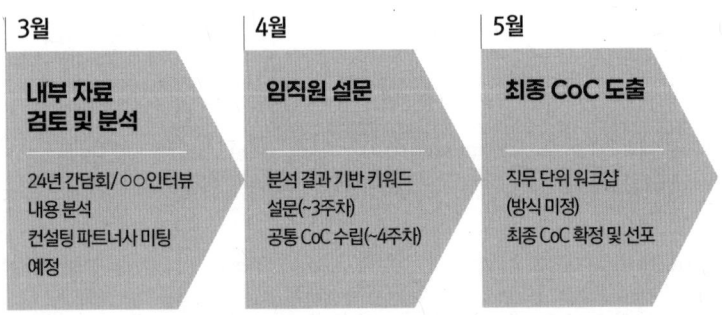

– 고객사 CoC 프로젝트 제안요청서(RFP) 중에서

실제로 우리는 과거 고객사로부터 받은 'CoC$^{\text{Code of Conduct}}$ 수립 프로젝트 제안요청서^{RFP}'를 통해 이 푸싱 방식의 전형을 목격한 바 있다. 해당 프로젝트는 3개월 간의 일정으로 구성되어 있었으며, 월별 주요 활동은 다음과 같았다.

3월에는 과거 인터뷰 및 간담회 자료를 분석하고, 컨설팅 파트너사와의 회의를 통해 일하는 방식에 대한 키워드를 도출한다. 4월에는 그 키워드를 기반으로 임직원 설문을 진행하고, 공통된 CoC를 수립한다. 그리고 5월에는 직무 단위 워크숍을 통해 최종

CoC를 확정하고 이를 조직 내에 선포한다. 이 계획은 표면적으로는 합리적이고 효율적인 추진 절차처럼 보인다. 하지만 구조적으로는 매우 일방적인 방식이며, '밀어붙이기' 방식의 변화관리 접근이라는 비판을 피하기 어렵다.

우선 임직원 설문이라는 항목이 포함되어 있으나, 이는 이미 도출된 키워드 안에서 구성원의 선택지를 제한하는 설문이다. 다시 말해, 구성원들이 직접 참여해서 CoC를 설계하는 것이 아니라, 이미 설정된 방향성 안에서 동의하거나 수용하는 절차일 가능성이 높다. 이는 구성원을 변화의 공동 설계자가 아니라 수동적 수용자에 머물게 하며, 심리적 오너십을 저해한다. 행동규범[CoC]은 단순한 운영 지침이 아니라 구성원의 가치, 신념과 맞닿아 있는 민감한 주제다. 따라서 외부에서 설정된 기준을 '이해하라', '따르라'고 요청하는 방식은 반감을 불러올 수밖에 없다.

또한 5월에 CoC를 '확정하고 선포'하는 방식 역시 푸싱 방식의 전형이다. 이 단계에서 CoC는 일방적으로 공표되며, 구성원은 그 규범을 '이해하고 따르는' 대상으로 설정된다. 이와 같은 탑다운 커뮤니케이션은 CoC를 조직문화의 언어가 아닌 단지 액자 속 선언문으로 전락시킬 위험이 있다. 행동규범은 조직의 비전과 연결된 살아있는 약속이어야 하며, 구성원이 그것을 '나의 언어'로 해석하고, '우리의 방식'으로 실천하도록 재구성할 수 있어야 한다. 그 과정이 빠진 CoC는 내재화될 수 없다.

이 프로젝트는 또한 분석 중심의 진단은 포함되어 있으나, 비전 중심의 상향 구조 설계는 빠져 있었다. 과거의 인터뷰와 간담회 내용을 분석하는 것 자체는 의미 있지만, 그것이 CoC의 출발점이 되기에는 부족하다. CoC는 '지금 무엇이 문제인가'를 분석하는 데서 멈추지 않고, 조직이 어떤 존재가 되고자 하는지, 고객과 사회에 어떤 약속을 하고 싶은지에 대한 집단적 토론을 통해 탄생해야 한다. 구성원과 함께 미래의 조직 정체성을 설계하고, 그 정체성을 실현하기 위한 구체적 행위가 CoC에 담겨야 의미가 있다.

특히 눈에 띄는 문제는 직부 단위 워크숍의 타이밍이다. 이 워크숍은 CoC가 사실상 확정된 이후에 진행되기 때문에, 실행력을 높이기 위한 형식적 절차로 변질될 수 있다. 워크숍이 실질적으로 의미를 가지기 위해서는 CoC를 수립하기 이전, 각 직무나 조직 단위에서 일하는 방식에 대한 고유한 맥락과 통찰을 도출해 내는 과정으로 배치되어야 한다. 그래야만 CoC가 현실적인 실행 기준이 되고, 자율성과 창의적 실행을 유도하는 언어가 될 수 있다.

우리가 주목해야 할 것은 변화관리 실패의 원인이 '프로세스의 부재'가 아니라 '관계의 부재'라는 점이다. 많은 변화관리 담당자들은 계획을 수립하고, 논리를 정교하게 구성하고, 조직에 알릴 준비를 철저히 하지만, 그 변화의 대상이 되는 사람들과 충분히 대화하고 감정을 공유하지 않는다. 계획이 완성될 때까지 기다려야만 구성원들과 소통할 수 있다고 믿는다. 그러나 이 기간에 변화에 대한 정보의 공백은 구성원들에게 '우리는 소외되었다', '우리의 의견은 중요하지 않다'는 인식을 심어주며, 결과적으로는 어떤 변화도 진심으로 받아들여지지 않는 상태로 이어진다.

변화란 본질적으로 개인적인 경험이다. 어떤 조직이든 변화가 일어나기 위해서는 개별 구성원이 무언가를 다르게 생각하거나, 다르게 느끼거나, 다르게 행동해야 한다. 이는 곧 감정의 문제다. 변화가 감정과 연결되어 있다는 점에서, 진정한 변화관리란 사람들의 감정을 다루는 일이며, 설득이 아닌 공감에서 출발해야 한다. 왜 사람들은 변화에 저항하는가? 무엇이 그들의 마음을 막고 있는가? 어떻게 하면 그들의 감정을 자극해 스스로 변화의 주체로 설 수 있게 할 수 있는가? 누가 변화를 주도할 때 가장 효과적인가? 이러한 질문에 답하는 것이 변화관리의 시작이어야 한다.

이러한 질문들에 실질적으로 답하기 위해 우리는 밀어붙이기식 변화관리의 한계를 극복할 수 있는 다섯 가지 구체적인 방법을 실험적으로 적용할 수 있다.

첫째, 변화는 강제하는 것이 아니라 구성원이 자신을 설득할 수 있도록 참여의 장을 여는 것으로 시작되어야 한다. 몇 해 전 한 기업의 혁신 담당 임원직을 수행할 때 프로세스 혁신[1] 도입이 절실히 필요함에도 이 업무를 주도할 중간관리자는 시종일관 소극적인 태도를 보였다. 하지만 파일럿 프로젝트를 직접 맡기고 성과가 없으면 접자는 조건을 제시하자, 그는 자신이 기획한 방식대로 실행하며 적극적으로 임했고, 이후 PI 프로젝트는 전사적으로 확대되어 성공적으로 안착했다. 자율성이 인간의 기본적인 심리적 욕구임을 안다면 변화의 오너십을 높여 내재적 동기를 강화하는 방법을 찾는 것은 당연하다.

둘째, 구성원에게 특정한 규범을 공지하고 따르게 하기보다, 각 팀 단위로 자율적인 규칙을 만들게 하고 조직은 이를 존중하고 격려하는 구조를 설계해야 한다. '터놓고 말하기'라는 회의문화 과제를 추진할 때, 각 팀이 스스로 회의 원칙을 만들고 운영하는 자율성을 부여받는다면 구성원들은 '조직의 지시'가 아닌 '우리의 약속'을 지킨다는 책임감을 경험할 것이다. 조직 차원에선 각 팀이 만든 룰을 존중하면서, 그 룰이 효과적으로 작동하는 사례를 공유하고, 격려하는 분위기를 만들어 주면 된다. 이렇게 되면 결과적으로 구성원들은 조직이 정한 규칙을 따르는 것이 아니라, '내가 만든 약속'을 지키고 있다는 자율성과 책임감을 경험하게 되어 '터놓고 말하기'는 더욱더 추진력을 갖게 될 것이다. 중요한 것은 인도하지만 길을 강요하지 않는 것이다.

셋째, 설득하려 하지 말고 질문을 통해 스스로 중요성을 깨닫게 하는 것이다. "우리 조직은 중요한 이슈를 충분히 논의하고 있는가?", "나는 회의에서 심리적 부담을 느끼는가?"라는 질문은 구성원들로 하여금 변화의 필요성을 '자기 인식'하게 만든다. 이는 단순한 의견 수렴을 넘어서 변화의 주체로 구성원을 세우는 효과가 있다.

넷째, 생각과 행동의 단절을 보여 줌으로써 인지 부조화를 자극하는 방법이다. 한 워크숍에서는 '좋은 회의란 무엇인가'와 '실제 우리가 하는 회의는 어떤가'를 비교해 보는 포스트잇 활동을 통해, 참가자들이 내면의 모순을 직면하게 하였다. 이에 따라 구성원들은 자발적으로 행동과 신념 사이의 일치를 추구하며 실천 과제를 도출했다.

이러한 변화관리 방식은 단순한 실행 기술이 아니라, 조직이 구성원을 대하는 철학을 바꾸는 일이다. 구성원을 설득의 대상이 아니라, 함께 변화의 의미를 만들어갈 '파트너'로 재정의할 때 비로소 조직은 자신을 변화시킬 수 있다.

변화는 결국 인간의 이야기다. 변화를 강제하기보다 구성원이 변화의 내러티브 안에 자신의 이름을 새길 수 있도록 할 때, 조직의 변화는 살아 숨 쉬는 문화로 안착한다. 변화는 선언이 아니라, 경험이어야 하며, 전략이 아니라 관계로부터 시작되어야 한다.

Key Questions

- 우리 조직의 변화관리 방식은 '공감'에서 출발하는가, 아니면 '설득'과 '요청'에서 출발하는가?

- 변화의 메시지에 '조직의 언어'만 담겨 있는가, 아니면 '구성원이 공감할 수 있는 이야기'가 함께 담겨 있는가?

- 우리는 구성원을 '설득해야 할 대상'으로 보고 있는가, 아니면 '함께 의미를 만들 파트너'로 대하고 있는가?

- 변화가 실패한 경험이 있다면, 그 원인은 전략 부족이었는가, 아니면 신뢰와 관계의 부재였는가?

02

변화의 긴박감과 당위성, 효과적으로 전달하려면 무엇이 필요한가?

변화는 위기의식에서 시작된다
긴박감의 심리적 설계

모든 조직에는 변화를 시도할 만한 이유가 있다. 변화 담당자라면 경영진이 기획한 변화 프로젝트의 당위성과 필요성을 단순히 전달하는 수준을 넘어서, 오히려 경영진보다 더 깊이 이해하고 설득력 있게 전달할 수 있어야 한다.

존 코터John Kotter는 변화관리 8단계 이론에서 첫 번째 단계로 '긴박감 조성Creating a Sense of Urgency'을 제시한다. 그는 변화의 출발점이 전략이나 절차가 아니라 '심리적 각성psychological awakening'임을 강조하며, 변화 추진의 동력이 구성원들의 내면적 위기의식에서 비롯된다고 보았다.

조직 변화는 단순한 시스템 조정이 아니라 구성원의 사고방식, 행동, 가치관의 변화를 수반하는 근본적 변화이다. 그러나 대부분의 구성원은 익숙한 상태, 즉 '심리적 안전지대comfort zone'를 벗어나기를 꺼리며 때로는 노골적으로 변화에 저항한다. 이러한 상황에서 변화의 당위성과 절박성을 설득력 있게 전달하지 못하면, 이후의 비전 공유, 실행 계획, 제도 개선 등 모든 단계가 형식적 절차에 그치고 만다. 따라서 코터는 변화의 '왜Why'를 구성원들이 충분히 공감할 수 있도록 명확히 전달할 것을 강조한다.

단, 위기의식만을 과도하게 강조하는 방식은 오히려 역효과를 초래할 수 있다. 사실에 근거하지 않은 과장된 경고나 이른바 '불타는 갑판' 전략은 구성원에게 불안과 냉소를 유발하고, 조직에 대한 신뢰를 훼손할 우려가 있다. 따라서 효과적인 접근은 단순한 위기 부각이 아니라, 그 속에 숨어 있는 기회opportunity in crisis를 함께 제시함으로써 구성원들이 변화에 몰입하고 미래에 대한 기대를 할 수 있도록 유도하는 것이다. 코터는 긴박감을 조성한다는 것은 단지 위기를 경고하는 것이 아니라, '오늘은 열려 있지만 내일은 닫힐 수도 있는 기회의 창'을 조명하는 일이며, 리더는 구성원 개개인의 머리와 마음을 사로잡을 수 있는 메시지로 그 기회의 의미를 전달해야 한다고 강조했다.

실제 조직 현장에서는 변화의 필요성을 인식하면서도 긴박감을 조성하는 데 실패하는 경우가 많다. 코터는 조직 내 관리자 중 약 75% 이상이 현재의 위기와 위험성을 분명하게 인식할 때야 실질적인 변화가 시작될 수 있다고 본다. 그러나 많은 관리자는 긴박감 조성에 따른 단기적 부작용을 우려해 주저한다. 예를 들어:

- 직원 사기 저하
- 책임 추궁에 대한 불안
- 수동적 태도 확산
- 단기적 성과 하락 가능성

이러한 우려는 관리자들이 변화의 지지자change agent가 아닌 통제자controller의 역할에 머무르게 한다. 변화 추진에 있어서는 관리자 개인의 판단을 넘어, 리더십 전체의 심리적 전환이 필요하다는 점을 명확히 인식시킬 필요가 있다.

변화의 필요성을 전달하는 전략
무대응의 비용, WIIFM

저자는 최근 한 비영리조직의 조직개발 프로젝트를 수행하며, 변화의 필요성을 효과적으로 전달하기 위한 '현실 직시 워크숍 Facing the Facts Workshop'을 설계하였다. 워크숍의 주요 어젠다는 다음과 같다.

- **현황 진단**: 우리는 어디로 가고 있으며, 잘 가고 있는가?
- **위기 공유**: 지금 필요한 조처를 하지 않으면 어떤 문제가 발생할 것인가?
- **기회 발굴**: 이 상황을 반전시킬 수 있는 우리의 가능성은 무엇인가?
- **변화 혜택**: 이 변화가 나에게 어떤 의미가 있는가?

내·외부 환경 분석을 통해 조직에 강도 높은 변화가 필요하다는 점이 데이터로 입증되었지만, 구성원들의 초기 반응은 미온적이었다. 이는 사람들의 일반적인 심리인 '현상 유지 편향status quo bias'에서 기인한다. 이 조직도 예외는 아니었다.

이에 따라 프로젝트 팀은 변화의 이점benefit of change을 강조하는 접근에서 벗어나, '무대응의 비용cost of inaction'을 부각하는 전략으로 전환하였다. 구성원들은 변화하지 않음으로써 조직이 겪게 될 부정적 결과를 그들만의 생생한 언어로 표현하기 시작했다.

"이젠 아무도 새 아이디어 안 내요. 그냥 하던 대로만 해요."
"밖에서는 우리 조직이 더 이상 필요 없다고 해요."
"일 잘하는 사람부터 떠나요. 남은 사람들은 버티기만 해요."
"뭘 바꾸려 해도 결재가 너무 많고 눈치만 보여요."

퍼실리테이터로서 이 순간이야말로 진정한 전환의 출발점이라는 확신을 가질 수 있었다. 진정한 위기감은 리더가 말해서 생기는 것이 아니라, 구성원이 직접 체감하고 공감할 때 실질적인 에너지로 작동한다.

변화를 효과적으로 추진하기 위해서는 희망적인 미래만을 강조하기보다는, 현 상태를 고수할 때 치르게 될 구체적이고 현실적인 비용을 설득력 있게 전달하는 것이 훨씬 효과적이다. 또한 위기감을 일회성으로 환기한 것만으로 추진력이 확보되었다고 판단하고 성급히 다음 단계로 넘어가는 실수도 경계해야 한다. 구성원을 안전지대에서 꺼내는 과정은 점진적이며 반복적인 설득과 공감의 과정이 필요하다.

워크숍의 마지막은 WIIFM 세션으로 구성되었다. WIIFM은 'What's in it for me?'의 약어로, "이것이 나에게 어떤 의미가 있습니까?"라는 뜻이다. 구성원들이 조직 변화 시 가장 먼저 던지는 질문이기도 하다. 이는 단순한 이기심의 표현이 아니라, 변화가 자신의 정체성, 역할, 안정성, 성장에 어떤 영향을 미치는지를 본능적으로 탐색하는 심리적 자기 보호 메커니즘이다. 이 질문에 충분하고 진정성 있게 답하지 못하면, 아무리 정교한 변화 전략이라도 현장에서는 무관심과 저항, 무력감으로 귀결될 수 있다.

인간은 정보를 받아들일 때 자기 생존과 이익의 관점에서 해석한다. 따라서 구성원이 변화에 적극적으로 참여하기 위해서는 변화가 자신에게 긍정적인 가치를 제공한다고 인지해야 하며, 이는 단순한 정보 제공만으로는 충분하지 않다. 구성원이 변화의 의미를 스스로 해석하고 진정으로 공감할 수 있도록 해야 한다. 결국, 조직 변화의 성공은 전략의 정교함보다 구성원이 그 변화를 자신의 이야기로 받아들이는가에 달려 있다.

워크숍에서는 리더십팀, 중간관리자, 핵심 실무자 등 다양한 구성원 그룹별로 주요 관심사와 변화 수용 조건을 도출하고, 이에 기반한 WIIFM 메시지를 공동으로 개발하였다. 예를 들어, 인정과 성장 기회가 주요 관심사인 핵심 실무자에게는 변화 이후 더 큰 책임과 역할을 맡게 될 것이고, 공정한 성과관리와 보상 기준이 합리적으로 설계될 것임을 확인해 주었다. 반면, 전략적 연계성과 사업의 지속 가능성을 중시하는 리더십팀에게는 이번 변화가 미션의 확장적 실현과 혁신적 접근의 계기가 될 수 있음을 강조했다.

무엇보다 중요한 것은, 변화가 조직 전체의 필요에 그치는 것이 아니라, 구성원 각자의 삶과 어떤 연결고리를 갖는지를 분명히 인식시키는 것이다. 변화가 개인에게 실질적인 의미와 보상이 없다면, 아무리 정교한 전략도 실행되지 않는다.

결론적으로, 변화의 필요성을 효과적으로 전달하려면 단순한 정보 전달이나 위기 호소가 아니라, 구성원이 스스로 위기의 현실을 체감하고 변화의 의미를 자신과 연결 짓도록 돕는 '심리적 설계'가 필요하다. 변화관리자는 전략을 설계하는 사람을 넘어, 구성원의 내면적 각성을 유도하고 공감과 긴박감을 설계하는 퍼실리테이터여야 한다.

Key Questions

- 우리 조직의 구성원들은 왜 지금 변화해야 하는지를 진심으로 공감하고 있는가?

- 우리는 변화의 필요성을 '두려움'이 아니라 '기회의 언어'로 전달하고 있는가?

- 이 변화가 구성원 개개인에게 어떤 의미인지, 그들에게 충분히 설명하고 설득했는가?

- 변화관리자는 지금 구성원의 심리를 설계하고 있는가, 아니면 메시지만 설계하고 있는가?

03

변화의 추진력을 만드는
핵심 집단은
누구여야 하는가?

조직 변화의 성공 여부는 전략의 정교함이나 계획의 완성도보다, 그것을 실제로 주도하는 사람, 즉 변화의 중심에 서 있는 구심체의 존재와 작동 방식에 달려 있다. 변화관리팀이 실행 계획 수립, 변화관리 방법론 및 도구의 개발, 진척 상황 관리 등 변화 실행의 실무를 담당하는 조직이라면, 변화 추진의 구심체는 변화의 방향과 의미를 제시하고 구성원의 몰입을 끌어내는 핵심 동력원일 뿐 아니라, 실질적인 성과 창출의 책임 주체이기도 하다. 이 글은 변화 추진의 구심체에 대한 개념을 정리하고, 그 구성 방식의 변화 흐름을 살펴본 뒤, 실제 사례를 통해 구심체의 설계와 작동 방식에 대해 생각해 본다.

'변화추진의 구심체'의 진화
중앙집중형에서 자발적 네트워크로

존 코터는 1996년 〈Leading Change〉에서 변화 추진의 핵심 주체로 '소수의 강력한 리더 그룹Guiding Coalition'을 제안했다. 이는 위계적 구조 내에서 전략적 방향을 설정하고 조직을 통제하는 중앙집중형 구심체를 의미하며, 계획된 순차적 변화의 틀 안에서 리더가 명확한 방향을 제시하고 구성원들은 이에 따라 움직이는 구조였다. 하지만 코터는 2014년 〈Accelerate〉에서 변화의 속도와 복잡성을 반영해 '자발적 참여 네트워크Volunteer Army'를 새로운 구심체로 제안하였다. 이 모델은 조직 전체에 걸쳐 자발적으로 참여하는 구성원들이 연결되어 실행력을 창출하는 분산형, 유연형 구심체를 지향한다. 변화 추진 주체가 특정 계층이나 역할에 한정되는 것이 아니라, 공식적 지위와 무관하게 열정과 역량을 가진 구성원 모두가 변화의 리더가 될 수 있다는 관점이다.

이러한 '자발적 참여 네트워크'의 작동 방식을 더욱 쉽게 이해하기 위해 구체적인 사례를 살펴보자. 예컨대 한 실무자가 있다고 하자. 그는 오전에는 기존의 조직 구조 속에서 마케팅 부서의 정규 업무를 수행하고, 오후에는 디지털 전환이라는 변화 혁신 과제에 참여해 활동한다. 다시 말해, 같은 날 중에도 고정된 직무에서 수행하는 역할과 변화 추진 네트워크의 일원으로서 수행하는 역할을 병행한다. 중간관리자도 마찬가지다. 평소에는 자신의 팀을 관리하고 운영하는 역할을 맡고 있지만, 정해진 시간에는 변화 워킹 그룹에 참여해 리더로서 임무를 수행할 수 있다. 이러한 구조에서는 고정된 직책이나 직무가 아니라, 자발성과 목적의식에 따라 변화 구심체의 구성원이 형성되고, 정규 조직과 변화 네트워크가 나란히 작동하게 된다.

이러한 전환은 단순히 실행 방식의 변화에 그치지 않는다. 그것은 조직을 바라보는 근본적인 패러다임의 이동이며, 설계-실행 중심의 선형적 변화에서 실험과 조정이 반복되는 비선형적 변화로의 이동을 반영한다. 변화는 더 이상 위로부터의 지시로 움직이지 않으며, 다양한 층위의 구성원들이 스스로 참여하고 공감하며 몰입할 때 성과로 이어질 수 있다.

존 코터의 이러한 관점 변화는 오케스트라형 리더십에서 재즈 밴드형 리더십으로의 전환이라는 비유로 설명할 수 있다. 오케스트라에서 지휘자는 모든 악기의 특성과 음색을 이해한 채, 정해진 악보를 기반으로 수십 명의 연주자들을 조율하며 아름다운 하모니를 만들어낸다. 이때 연주자들은 지휘자의 지시에 따라 각자의 역할을 정확히 수행해야 하며, 이는 곧 명확한 통제와 예측 가능한 구조 안에서의 조화를 의미한다. 1996년 코터의 변화관리 8단계 모델은 이와 유사하다. 변화는 정해진 절차에 따라 단계적으로 진행되며, 구심체는 조직 상층부에 있는 전략적 리더로 구성된다.

반면, 재즈밴드에는 지휘자가 존재하지 않는다. 각 연주자는 자신의 악기를 자유롭게 해석하고 즉흥적으로 표현한다. 그러나 이 즉흥성은 무질서가 아니라, 상호 신뢰와 경청, 그리고 실시간 협업이라는 질서 속에서 이뤄진다. 연주자들은 서로의 소리를 경청하고 신호를 주고받으며 그 순간의 흐름에 따라 자연스럽게 리더십을 주고받는다. 권위 기반의 위계가 아니라, 영향력 기반의 유연한 리더십이 작동한다. 이는 2014년 코터가 말한 '유연하고 분산된 변화 네트워크'와 정확히 맞닿아 있다.

오늘날과 같은 불확실성과 속도의 시대에는 오케스트라형 리더십만으로는 충분하지 않다. 변화는 더 이상 정해진 계획을 정확히 실행하는 방식이 아니라, 각자의 자리에서 자율적이고 창의적으로 해석하고 실천하는 방식이어야 한다. 다시 말해, 변화는 지시로 이뤄지는 것이 아니라, 참여와 몰입으로 만들어져야 한다.

그렇다면 변화 추진의 구심체는 어떻게 설정되어야 하는가? 이에 대한 답을 얻기 위해서는 먼저 조직이 추구하는 변화의 목표를 분명히 해야 한다. 변화의 목표가 단기적인 경제적 성과 향상이라면, 조직은 주로 구조, 시스템, 프로세스의 최적화를 중심으로 변화 전략을 설계하게 된다. 이러면 변화의 방향성과 실행을 신속하고 명확하게 끌어낼 수 있는 계층적 리더십, 즉 톱다운 리더십이 구심체로 작동하게 된다. 이때 구심체는 조직 상층부나 중간 관리자 중심의 영향력 있는 리더 그룹으로 구성되어 전략을 수립하고 실행을 주도하게 된다.

그러나 변화의 목표가 지속 가능한 조직 역량의 내재화에 있다면, 변화의 중심은 구성원의 행동과 태도 변화, 즉 조직문화의 전환에 놓이게 된다. 이 경우 공식적 권위보다는 영향력 기반의 리더십이 중요하며, 변화는 구성원 간의 신뢰와 공감, 의미 있는 대화를 통해 동력을 얻게 된다. 자율적 참여와 몰입을 유도하는 분산형 혹은 촉진형 리더십이 중심이 되며, 변화의 구심체 역시 자발적 참여 네트워크로 구성된다.

조직 전반의 구조, 시스템, 문화가 동시에 변화해야 하는 전사적 변화를 계획하고 있다면, 단일한 리더십 구조로는 한계가 있다. 이

때는 전략적 방향을 제시하는 핵심 리더그룹과 구성원의 자율성과 창의성을 유도하는 자발적 참여 네트워크가 병존하는 이중 구조 시스템Dual Operating System을 통해 변화 추진의 구심체가 설계되어야 한다. 이러한 복합적 접근은 명확한 방향성과 실행력, 현장 기반의 몰입과 공감을 동시에 확보함으로써 변화의 성공 가능성을 높일 수 있다.

사례 분석
중간관리자를 중심으로 한 'middle-out' 전략

실제 사례로, 한 대기업은 '사람 중심 고객 중심 100년 기업'을 비전으로 설정하고 다양한 변화를 추진하였다. 변화혁신팀은 변화의 구심체로서 '혁신 인재'라는 자발적 참여 네트워크를 구성하였다. 변화의 필요성과 미래 비전에 대한 기대가 조직 전체에 공유되면서 자발적 신청자가 많았다. 다만 조직 내에서 반드시 참여하였으면 하는 일부 인재들이 신청하지 않자, 변화혁신팀은 이들을 개별적으로 설득했고, 최고경영자는 그들의 상사와 직접 면담하며 참여를 어렵게 만드는 요인을 경청하는 시간을 가지기도 했다. 이는 단순한 지시가 아니라 '참여를 설계하는 리더십'의 한 형태였다.

선발 과정은 형식적 절차를 넘어 전략적으로 설계되었다. 참가자는 '인바스켓 테스트In-basket Test'라는 시뮬레이션 기반 평가 도구를 통해 선발되었는데, 이는 제한된 시간 내 여러 업무 상황에 대해 의사결정을 내리고 그 이유를 설명하는 방식이다. 이를 통해 실무 능력뿐 아니라 변화 추진 과정에서 마주할 수 있는 저항이나 혼란을 어떻게 극복하는지에 대한 태도도 평가되었다. 본사 1,300명 중 단 25명이 최종 선발되었고, 이들은 변화 프로젝트의 핵심 구심체로서 중대한 임무를 수행했다.

이들은 기존 소속 부서의 정규 업무를 유지하면서도 주당 1.5일은 변화 프로젝트 활동에 전념하는 이중 책무를 수행하도록 구성되었다. 즉, 변화는 별도의 전담 조직이 아닌 현업의 일상에서 병행되고 확산하는 구조로 설계된 것이다. 이러한 병행 구조는 구성원 개인의 자기관리 능력과 동기뿐 아니라, 조직 차원의 구조적 유연성과 리더의 협력이 없이는 가능하지 않다.

이 변화 구심체는 중간관리자를 중심으로 구성되었다. 중간관리자는 실무에 대한 깊은 이해를 바탕으로 현장의 문제를 조율할 수 있을 뿐만 아니라, 상층 리더와 실무 구성원 사이의 소통을 매개하며 다양한 관점을 통합할 수 있는 위치에 있다. 그들은 조직 내 강한 이해관계자도 아니고, 변화 지시 권한만 가진 것도 아닌 실질적인 접점에서 영향력을 행사할 수 있는 리더십의 중간지대에 존재한다. 인적 네트워크의 중심에 있는 이들은 변화 과정에서 여러 계층의 관점을 연결하고, 변화에 저항하거나 망설이는 리더들을 설득할 수 있는 신뢰 자산과 역량을 갖춘 존재였다.

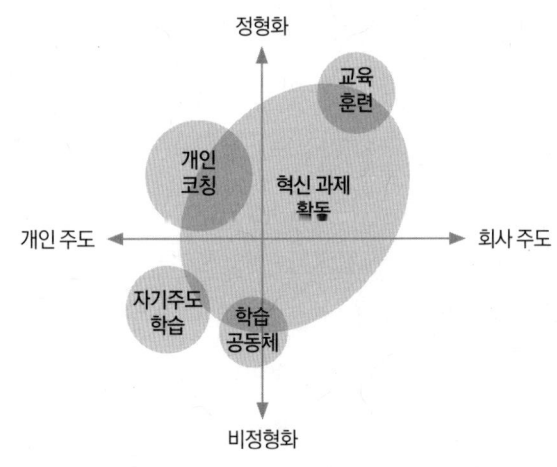

자발적 참여 네트워크 '혁신인재' 육성방식

이들에게 부여된 가장 중요한 임무는 단순한 참여자가 아니라 <u>**혁신 과제의 주도적 개발자이자 실행자**</u>의 역할이었다. 이를 실현하기 위해 회사는 교육 훈련, 개인 코칭, 학습 공동체 운영, 자기주도

학습 등 다채로운 역량 강화 전략을 병행하였다. 이들은 각자의 맥락에서 변화 과제를 설계하고 실행할 수 있도록 충분한 자율성과 자원을 보장받았고, 이러한 설계는 단순한 리더 육성을 넘어 **성과를 만들어내는 변화 구심체를 육성**하는 데 목적이 있었다.

변화혁신팀은 이들이 수행할 역할을 명확히 설정하였다. 이들은 조직 내에서 변화와 혁신의 분위기를 조성하고, 실질적인 과제 실행을 주도하며, 고객 가치 관점을 내재화하고, 협업을 통해 부문 간 시너지를 창출하는 역할을 맡았다. 이들은 또한 차세대 리더로 성장할 수 있도록 역량 강화 프로그램과 피드백을 제공받았으며, 인센티브, 승진, 교육 등 다양한 보상을 통해 동기 부여되었다.

하지만 실행 과정은 순탄하지 않았다. 기존 업무에 대한 부담, 부서장의 비협조 등으로 인해 혁신 활동이 제약받는 경우가 있었고, 이에 따라 변화혁신팀은 소속 부서장과의 '혁신 인재 성장 계약서'를 통해 활동 시간을 보장하고 책임을 명확히 하는 장치를 마련하였다. 또한 변화 초기에는 구심체에 변화의 방향과 의미를 해석할 수 있는 충분한 시간을 제공하고, 그들이 자신의 언어로 변화 메시지를 전달할 수 있도록 학습과 코칭을 병행하였다.

변화에 관한 이 사례의 접근 방식은 기존의 탑다운top-down이나 보텀업bottom-up 접근과는 다른, 중간 계층에서 출발해 양방향으로 확산하는 일종의 '미들아웃middle-out' 전략으로 볼 수 있다. 중간관리자를 중심으로 구성된 구심체는 현장과 전략 사이를 매개하며, 조직 전반에 걸친 변화의 공감대 형성과 실행 동력을 동시에 확보할 수 있었다는 점에서 주목할 만하다.

이러한 접근은 변화의 의미를 구성원에게 일방적으로 전달하는 데 그치지 않고, 현업의 언어와 맥락 속에서 변화를 재해석하고 내면화할 수 있도록 설계된 것이다. 더불어 구심체가 단순히 메시지를 전달하거나 명령을 이행하는 존재가 아니라, 자발적 몰입과 실질적 실행력을 갖춘 **전략적 실천 주체**로 설계되었다는 점이 핵심이다.

결국 변화의 목적과 범위에 따라 구심체의 형태와 역할은 달라져야 하며, 그 구성원에게는 명확한 역할 정의, 자율성 보장, 심리적 에너지와 구조적 지원이 통합적으로 설계되어야 한다. 이러한 조건이 충족될 때, 변화 추진의 구심체는 조직 변화의 단순한 상징이 아니라, **실질적 성과를 창출하는 핵심 동력원**으로 기능할 수 있다.

Key Questions

- 변화의 구심체는 어떤 조건에서 '공식 권위'보다 '비공식적 영향력'이 더 효과적으로 작동하는가?

- 왜 변화는 '별도의 전담 조직'이 아니라 '현업 안에서 병행되는 구조'로 설계되어야 하는가?

- 구성원의 자발적 참여를 끌어내기 위해 리더는 '지시자'가 아니라 어떤 존재로서 작동해야 하는가?

- 변화의 중심이 될 사람은 어떤 역량과 조건을 갖추고 설계되어야 하는가?

04

변화의 비전, 어떻게 설계하고 조직 내 공유를 극대화할 것인가?

변화 프로젝트에서 비전은 별도로 필요한가?

기업의 변화관리 실무 담당자들로부터 "변화 프로젝트에서 비전은 기존 조직 비전과 별도로 새롭게 수립되어야 하는가"라는 질문을 종종 받는다. 이런 질문에 내포된 핵심은 변화 프로젝트에서는 기존의 전사 비전과 별개로, 프로젝트 고유의 목적과 방향을 구성원들이 이해하고 공감할 수 있도록 새로운 비전을 수립해야 하는가를 의미한다.

  이는 상황에 따라 타당할 수도 있고, 오해를 불러일으킬 수도 있는 복합적인 주장이다. 타당한 측면은 변화 프로젝트가 종종 전사 비전을 구체화하거나 특정 영역에 초점을 맞추는 성격을 갖는다는 것이다. 예를 들어, 전사 비전이 "글로벌 지속 가능 디지털 리더십 확보"라면, 디지털 전환 프로젝트에는 "고객 여정 전반의 디지털 경험 최적화"라는 하위 비전이 필요할 수 있다. 다시 말해 조직 전체가 아닌 특정 부서, 기능, 지역 등에 해당하는 변화는 기존 비전보다 '현장 맥락에 부합하는 새로운 언어와 메시지'를 요구할 수 있다. 이럴 때 구성원이 느끼는 '내 일과의 연관성'을 강조하기 위한 프로젝트 전용 비전이 효과적일 수 있다.

  그러나 주의해야 할 측면도 분명하다. 전사 비전과 별개로 프로젝트 비전을 수립할 때나 변화 프로젝트 비전이 기존 조직 비전과 가치나 방향 면에서 충돌할 때 구성원은 혼란을 겪게 될 수 있다. 특히 다수의 변화 프로젝트가 병렬로 진행 중인 대기업에서는 "비전 간 분절"이 조직 전체의 일관성을 해칠 수 있다. 변화관리 전문가인 윌리엄 브릿지 역시 "변화의 비전은 기존 정체성과의 연결선 위에서 제시되어야 한다"고 강조한 바 있다.

  결론적으로 변화 프로젝트의 비전은 전사 비전을 대체하는 것이 아니라, 그 비전을 실현하기 위한 '맥락 기반의 구체화된 표현'으로 이해해야 하며, 구성원과의 정서적 공감과 실행 가능성을 높이기 위해 '보완적'으로 새롭게 설계될 수 있다. 마이크로소프트의 사티아 나델라가 이에 대한 좋은 사례를 보여준다. 그는 취임 이후 "지구상의 모든 개인과 조직이 더 많은 것을 성취할 수 있도록 힘을 실어준다"를 전사 비전으로 설정하고 지금까지도 일관되게 유지하고 있다. 이 비전의 핵심은 기술이 사람을 대체하는 것이 아니라 사람의 능력을 증진하고 확장하는 도구가 되어야 한다는 나델라의 경영 철학에서 나왔다. 그러나 2013~2017년경 데스크탑 중심 소프트웨어 기업에서 클라우드 기반 서비스 기업으로의 전환이라는 대규모 변화를 추진할 당시에는 "클라우드 퍼스트, 모바일 퍼스트Cloud-first, Mobile-first"라는 변화 프로젝트 비전을 활용하기도 하였다. 이 보조적 비전은 기존 전사 비전과 정렬되면서도, 전략적 방향성을 명확히 하고 개발자, 마케터, 영업 인력 모두에게 "내 업무가 어떤 방향으로 전환되어야 하는가"를 직관적으로 전달하는 수단으로 활용되었다.

비전은 단지 선언이 아니라
심리적 나침반이다

변화 프로젝트에서 비전은 단지 미래에 대한 기대치를 제시하는 선언이 아니다. 그것은 불확실한 시기 속에서 조직 구성원이 방향을 잃지 않고, 공동의 미래로 나아가는 데 필요한 '심리적 나침반'이자 '집단적 약속'이다. 이 지점에서 우리는 변화관리 이론의 두 거장, 존 코터와 윌리엄 브릿지의 통찰을 주목할 필요가 있다. 이 두 사람은 서로 다른 관점에서 변화의 본질을 설명하면서도, 변화의 성공은 결국 '강력하고 설득력 있는 비전'에서 출발한다는 공통된 메시지를 전한다.

먼저 존 코터는 〈Leading Change〉에서 비전의 역할을 전략적 방향 제시로 규정한다. 그에 따르면, 비전은 변화의 목적지를 설명하고, 그 변화가 왜 불가피하며, 지금 이 시점에 왜 추진되어야 하는지를 설득력 있게 보여주어야 한다. 코터는 "진정한 비전은 단순하고, 이해하기 쉬우며, 정서적으로 와닿아야 한다"고 강조한다. 조직이 혼란스럽고 위기의식이 팽배할 때, 수많은 실행 계획이나 데이터보다 구성원의 마음을 움직이는 것은 간결하면서도 강력한 메시지다. 그는 이를 "오늘은 열려 있지만, 내일은 닫힐 수도 있는 기회의 창"에 비유하며, 비전은 단지 '희망'이 아니라 '긴박한 선택의 이유'로 작동해야 한다고 말한다.

코터의 이론에서 중요한 것은 비전이 리더의 머릿속에만 머물러서는 안 된다는 점이다. 그는 비전 공유를 단방향 커뮤니케이션이 아닌 '사회적 전염'의 관점에서 접근했다. 즉, 리더는 비전을 말로만 전달하는 것이 아니라, 자신의 언행, 제도 설계, 자원 배분, 상징적 행동을 통해 비전을 반복적으로 보여주고, 그것이 조직의 집단적 신념이 되도록 해야 한다는 것이다. 변화는 결국 인간의 감정과 인식, 해석의 문제이며, 따라서 비전은 '정보'가 아니라 '의미'로 전달되어야 한다.

이에 비해 윌리엄 브릿지는 변화의 심리적 전환 과정을 중심으로 비전을 이해했다. 그는 〈Leading Transition〉에서 변화와 전환을 구분하면서, 전환은 내적이고 심리적인 과정으로, 사람들이 변화가 가져오는 새로운 상황을 내재화하고 받아들이는 개인적인 과정으로 설명하였다. 변화는 5개월 걸릴 수 있지만, 전환은 5년이 걸릴 수도 있다는 것이다. 윌리엄 브릿지에게 비전은 단순한 미래 청사진이 아니라 전환 과정에서 사람들이 심리적으로 새로운 정체성을 받아들이도록 돕는 통합적 도구로 인식하였다.

코터가 전략적 정렬과 리더십 행동을 통한 비전의 확산에 주목했다면, 브릿지는 감정의 전환과 새로운 정체성 형성을 통해 비전이 내면화되는 과정을 강조했다. 이 두 통찰은 함께 고려될 때 변화의 비전을 설계하고 공유하는 데 매우 실천적인 통찰을 제공한다. 비전은 이해하기 쉬워야 하며, 감정적으로 이해할 수 있어야 하고, 구성원 각자의 언어로 재해석될 수 있어야 한다. 그리고 그것이 단지 기업의 '상층부 메시지'가 아니라, 조직 내 모든 개인이 "이 변화는 나의 이야기이기도 하다"라고 느끼게 만드는 데 성공할 때, 비전은 변화의 견고한 토대가 된다.

비전 정렬이
변화 성공의 핵심이다

조직의 변화 프로젝트에서 비전 수립은 필요한 출발점이지만, 그 자체만으로는 변화가 일어나지 않는다. 변화관리 전문가들은 오히려 비전 수립보다 더 중요한 것은 그 비전이 조직 전체에 정렬되고, 구성원들의 행동으로 이어지는 과정이라고 본다. 흔히 말하듯 "비전 수립이 1%라면, 비전 정렬은 99%"라는 말은 과장이 아니라 실무적 진실에 가깝다.

비전 정렬은 단순히 리더가 비전을 말하는 것으로 끝나는 것이 아니다. 구성원 각자가 그 비전을 이해하고, 자신의 역할과 연결 지어 스스로 실천할 수 있을 때 비로소 정렬이 이루어진 것이다. 비전은 문서에 적힌 한 줄짜리 구호가 아니라, 조직 구성원 한 사람 한 사람의 판단과 행동의 기준이 되어야 한다. 이것이 되지 않으면, 아무리 멋진 비전을 세워도 실행 단계에서 엇박자가 생기고, 변화는 선언만 남긴 채 흐지부지 끝날 가능성이 높다.

구성원으로서는 "왜 이 변화가 필요한가?", "이 비전이 내 일과 무슨 상관이 있는가?", "나는 이 변화에서 어떤 역할을 해야 하는가?"에 대한 명확한 답이 있어야 한다. 조직이 이 질문에 답하지 못하면 구성원은 비전을 자기 일로 받아들이지 않는다. 그 결과 변화는 관리자 몇 명의 프로젝트로 전락하고, 조직 전반의 행동 변화로 이어지지 않는다. 비전 정렬은 결국 조직 내 '공동의 이해'를 넘어 '공동의 책임감'을 형성하는 일이다.

이와 같은 비전 정렬의 중요성을 실천적으로 보여준 대표적 사례가 바로 앞서 언급한 마이크로소프트이다. 나델라는 "지구상의 모든 개인과 조직이 더 많은 것을 성취할 수 있도록 힘을 실어준다"는 전사 비전을 단순히 외부 메시지에 그치지 않고, 조직 내부에서 모든 전략, 구조, 문화, 리더십 활동과 철저히 연동되도록 설계하였다.

나델라는 먼저 기술 중심의 용어였던 'Cloud-first, Mobile-first'라는 전략 구호를 전사 공통의 언어로 재구성했다. 이 언어는 개발팀, 영업팀, 인사팀까지 모두가 동일한 방향성을 이해하고 자신의 업무에 적용할 수 있도록 단순하고 명확하게 전달되었다. 조직 구조 역시 고객 중심으로 재편되었고, 각 부서의 목표는 전사 비전과 연결된 체계로 관리되었다. 구성원들은 분기마다 자신이 설정한 목표가 어떻게 전사 비전에 기여하는지를 설명하고 점검받았다.

무엇보다 중요한 것은, 나델라가 조직문화 차원에서도 비전 정렬을 강하게 추진했다는 점이다. 그는 마이크로소프트의 오랜 문화였던 'Know-it-all(모든 걸 알고 있는 척하는 문화)'을 벗어나, 'Learn-it-all(끊임없이 배우려는 문화)'로 바꾸는 데 집중했다. 이 변화는 단순한 슬로건이 아니라, 비전을 실행하기 위한 조직적 태도 전환이었다. 나델라는 "우리의 사명은 사람들의 가능성을 확장하는 것이다. 그렇다면 우리 자신도 계속 배워야 한다"고 강조했고, 구성원들에게 질문하기, 실패에서 학습하기, 피드백을 구하는 행동을 권장했다. 이러한 문화적 전환은 구성원 각자가 "나는 이 비전을 실현하기 위해 어떤 학습과 성장을 해야 하는가"라고 묻게 했다.

결국 'Learn-it-all' 문화는 비전을 구성원 개인의 성장 서사와 연결해 주었다. 단순히 변화 방향을 따르라는 것이 아니라, 변화 속에서 스스로 배우고 성장하며, 그 과정 자체가 비전 실현이라는 감각을 제공한 것이다. 이것은 변화관리에서 매우 중요한 '정서적 정렬'이자 '내적 소유권'을 만드는 핵심 메커니즘이었다.

변화 프로젝트는 좋은 아이디어와 전략으로 시작할 수 있지만, 그것이 성과로 이어지기 위해서는 구성원 모두가 하나의 방향으로 정렬되어 움직여야 한다. 비전이 선언에 그칠 것인가, 아니면 행동을 이끄는 힘이 될 것인가는 바로 비전 정렬의 수준에 달려 있다. 마이크로소프트는 이 정렬을 단순한 조직 구조나 시스템 변경이 아니라, 조직의 말투와 태도, 학습의 자세까지 바꾸는 문화 혁신을 통해 이뤄냈다. 변화관리 리더가 집중해야 할 것은 비전을 얼마나 잘 세웠는가가 아니라, 그 비전을 얼마나 구성원이 자기 일로 받아들이게 했는가다. 변화의 성공은 이 지점에서 갈린다.

경영 구루 짐 콜린스Jim Collins는 사명, 비전, 핵심 가치와 같은 개념은 "경영진이 정해 놓은 단어 중에서 골라내는 것이 아니라, 이미 조직 내부에 존재하는 의미와 행동 속에서 발견되는 것"이라고 말한다. 이는 비전 수립과 공유 과정에서 구성원의 참여가 단순히 선택이 아니라, **본질적으로 필수적인 요소임**을 강조하는 말이다.

구성원의 참여로 완성되는
비전 공유

실제로 '사람 중심, 고객 중심, 100년 기업'이라는 비전을 설정한 한 대기업은 이 철학을 모범적으로 실천한 사례로 평가받는다. 이 기업은 본사의 대부분 직원과 사업장 리더들이 참여한 대규모 'AI Summit'을 통해, 비전뿐 아니라 정량적 목표, 전략 방향, 핵심가치까지 포함하는 통합 비전 체계인 '비전하우스Vision House'를 수립했다.

비전하우스는 첫 공개 이후 구성원들로부터 대체로 긍정적인 평가를 받았지만, 조직은 여기서 멈추지 않았다. 이후 6개월간, 이 비전에 진정한 생명력을 불어넣기 위한 정렬 과정을 집중적으로 수행한 것이다. 비전하우스는 각 부서와 사업장에 공유되었고, 현장 구성원들의 피드백을 수렴하는 과정을 거쳤다. 이 과정에서 모든 리더는 단순한 관리자 역할을 넘어서 '비전의 메신저' 역할을 자임했다. 그들은 구성원들과 함께 비전의 의미를 해석하고, 각자의 언어로 설명하며, 직원들이 자신의 꿈과 이 비전이 어떻게 연결되는지를 고민하도록 도왔다. 비전하우스의 문구 하나하나에 담긴 의미를 리더들이 직접 설명하고, 구성원의 목소리를 경청하는 일은 비전 정렬의 매우 중요한 전환점이 되었다.

최종 확정된 비전하우스는 여섯 번째 버전이었다. 내용 자체는 처음과 크게 다르지 않았지만, 표현의 미묘한 조정, 우선순위를 암시하는 단어 배열의 변경 등이 이뤄졌다. 중요한 것은 그 과정에 있었다. 비전이 반복적으로 다듬어지는 과정에 구성원이 참여하고, 자신의 의견이 실제로 반영되는 경험을 하면서, 비전은 조직 전체의 것이자 자신의 것이라는 감각이 생겼다. 이러한 내면화가 이루어지면서 비전 공유와 정렬은 자연스럽게 이뤄질 수 있었다.

이 사례는 중요한 교훈을 준다. 비전 공유는 단발성 워크숍이나 설명회 한두 번으로 끝나는 활동이 아니다. 같은 메시지를 다양한 방식으로, 여러 차례 반복해서 전달하는 과정이 필요하다. 구성원의 인식과 태도가 바뀌는 데는 시간이 걸리고, 의식의 변화는 이벤트가 아니라 관계와 대화, 실천의 누적 속에서 일어난다.

결과적으로 이 조직의 비전 정렬 활동은 성공적이었다. 리더들은 비전을 자신만의 언어로 이야기할 수 있게 되었고, 어떤 리더십이 필요한지도 명확히 이해했다. 구성원들 또한, 이 비전이 실현되면 자신에게 어떤 의미와 혜택이 있는지를 구체적으로 인식하게 되었다.

Key Questions

- 우리 조직에서 구성원은 비전을 '머리'로 이해하고 있는가, 아니면 '가슴'으로 받아들여 움직이고 있는가?

- 우리 조직의 비전은 구성원 각자의 일과 목표에 구체적으로 어떻게 연결되어 있는가?

- 비전 수립 과정에 참여한 경험이 구성원에게 '의미 있는 대화'였는가, 아니면 단순한 의견 수렴 절차였는가?

- 우리의 소직문화는 know-it-all인가, learn-it-all인가? 다시 말해 우리 조직은 변화를 앞두고 '이미 알고 있다'고 말하는가, 아니면 '스스로 질문하고 더 배워야 한다'고 말하는가?

05

변화의 저항은 왜 발생하며, 어떻게 실질적으로 극복할 수 있는가?

변화는 왜 저항을 불러오는가?

조직은 끊임없이 변화의 압력에 노출되어 있다. 기술의 진보, 시장의 재편, 고객 기대의 변화는 더 이상 예외적 사건이 아니라 일상적인 경영 환경이 되었고, 이에 따라 변화는 조직의 생존과 성장을 위한 불가피한 과제로 자리 잡았다. "변화하지 않는 것은 모든 것은 변화한다는 사실"이라 말할 정도로 변화는 조직의 생존과 성장을 위한 필연적 전제조건이 되었다. 그럼에도 불구하고 현실에서는 변화가 추진될 때마다 상당한 수준의 저항이 발생하며, 이러한 저항은 종종 변화의 속도와 효과를 저해하는 주요 요인이 된다. 변화는 필연적인데, 왜 사람들은 그것을 거부하는가? 이 질문은 변화관리의 핵심적인 딜레마를 함축하고 있다.

 이러한 저항은 단순한 부정적인 반응이나 보수성의 발현으로 축소해서는 안 된다. 오히려 그것은 변화의 본질적 속성과 조직 구성원의 심리적·사회적 조건이 교차하는 지점에서 나타나는 복합적 현상이다. 변화는 기존의 익숙한 질서에 균열을 일으키며, 구성원 각자의 정체성, 역할, 관계, 성과 기준, 가치관에 이르기까지 다양한 수준에서 불확실성과 위협을 일으킨다. 특히 변화는 현재 자신이 속한 시스템이 더 이상 유지될 수 없다는 메시지를 내포하기 때문에, 이는 곧 구성원들에게 자율성과 통제력 상실에 대한 불안을 유발한다. 이처럼 변화는 외적 차원에서는 조직을 위한 진보일 수 있지만, 내적 차원에서는 개인의 심리적 안정성과 정체성을 해체하는 사건으로 인식될 수 있다.

변화의 메시지가 구성원에게
어떻게 받아들여지는가?

더욱이 조직 구성원들은 변화가 추상적이고 모호하게 전달될 때, 그것을 실질적인 '위협'으로 간주하게 된다. 변화는 종종 조직 상층부에서 설계되어 하위 구성원에게 일방적으로 전달되는 방식으로 추진되며, 이 과정에서 변화의 이유와 방향, 기대효과에 대한 설명은 생략되기 쉽다. 이런 상황에서 구성원은 변화가 자기 자신을 위한 것이 아니라, '조직'이나 '경영진'을 위한 것이라고 느끼며, 그에 대해 심리적으로 거리감을 갖게 된다. 변화는 자기 서사와 연결되지 못한 채 '남의 이야기'로 전락하고, 구성원은 이에 대해 방어적인 태도를 보이게 된다.

이러한 역설은 변화의 불가피성과 구성원의 저항이라는 두 현실 사이의 틈에서 비롯된다. 경영자와 변화관리자는 변화가 논리적으로 정당화되었다고 판단하더라도, 구성원의 감정적 수용 여부를 간과한다면 변화는 조직 내부에서 의미 있는 실행으로 이어지지 못한다. 변화는 데이터나 전략만으로 설득될 수 없으며, 구성원이 변화의 맥락을 이해하고 그 변화 속에서 자신의 위치를 재정립할 수 있을 때만 진정한 전환이 가능하다. 따라서 변화 저항은 단순히 극복해야 할 대상이 아니라, 변화가 조직 내에서 어떻게 받아들여지고 있는지를 보여주는 감정적이고 구조적인 '신호'로 이해할 필요가 있다.

변화 저항의 실제
한 대기업 사례

특히 주목해야 할 점은, 저항 그 자체가 변화관리의 실패를 의미하는 것이 아니라, 오히려 변화 성공의 핵심 요소를 역설적으로 드러내는 역할을 할 수 있다는 점이다. 어떤 세력이 저항하고 있다면, 그것은 변화 과정에서 간과된 이해관계나 문화적 마찰, 혹은 리더십의 단절 지점을 가리키는 지표일 수 있다. 구성원의 불만이 제기된다면, 그것은 조직 내부에서 무엇이 개선되어야 하는지를 알려주는 요청으로 이해되어야 한다. 새롭게 설정한 변화의 목표가 계획대로 추진되지 않고 있다면, 그것은 단순한 실행력 부족이 아니라 변화 설계 그 자체를 되돌아보아야 할 시점이라는 신호일 수 있다. 따라서 저항을 무조건 억압하거나 무시할 것이 아니라, 그 이면에 숨겨진 합리적 우려와 타당한 지적을 경청하고 수용하는 자세가 필요하다.

어느 한 대기업의 전사 변화 프로젝트에서 변화관리팀은 프로젝트 초기 변화에 대한 구성원들의 태도를 조사하였다. 프로젝트 초기 변화 프로젝트를 지지하는 그룹은 본사 직원 1,300명 중 단 5%에 지나지 않았다.

구분	관심 없음	반대/회의적	보통	지지	적극 지지	전체
임원		2	5	2	4	13
상급관리자		26	36	22	5	89
중간관리자	40	180	70	11	3	304
일반 직원	550	245	85	17		897
전체	590(45%)	453(35%)	196(15%)	52(4%)	12(1%)	1,303

프로젝트에 반대하거나 회의적 태도를 보인 구성원들이 전체의 35%, 프로젝트에 전혀 관심을 보이지 않는 그룹 또한 45%나 되었다. 특이할 점은 중간관리자 그룹 중 60%가량이 프로젝트에 반대하거나 회의적 태도를 보인 점이다.

중간관리자의
이중적 위치와 딜레마

조직이 변화에 직면할 때, 가장 결정적인 역할을 수행하는 집단 중 하나는 중간관리자다. 이들은 전략과 실행 사이를 매개하며, 경영진의 변화 메시지를 현장의 실행으로 전환하고, 구성원들의 저항을 조율하며, 실질적인 변화 실행을 이끄는 중심축이다. 변화관리 전문 기관인 프로사이Prosci는 오랜 연구를 통해 중간관리자가 변화 과정에서 가장 큰 공헌자이자 동시에 가장 강력한 저항자가 될 수 있음을 강조한다. 이러한 이중적 역할은 단순한 개인의 태도 문제를 넘어서, 이들이 처한 복합적 현실에서 비롯된다.

중간관리자는 변화의 전달자이자 실천자다. 이들은 조직 전략을 팀의 언어로 풀어내고, 실행 계획을 수립하며, 구성원들에게 변화의 필요성을 설득하는 리더십을 발휘한다. 팀원으로서는 변화가 낯설고 두려울 수 있기 때문에, 중간관리자가 변화의 의미를 구체적 언어와 사례로 설명해 주는 역할이 매우 중요하다. 특히 구성원과의 신뢰를 기반으로 한 상호작용은 변화 수용 여부에 결정적인 영향을 미친다. 이러한 이유로 중간관리자는 변화의 성패를 가르는 핵심 공헌자가 될 수 있다.

하지만 동시에 중간관리자는 가장 깊은 저항을 나타내는 집단이기도 하다. 무엇보다 중요한 이유는 중간관리자가 조직 내에서 이중적 부담double burden을 떠안고 있다는 점이다. 변화가 시작되었다고 해서 기존의 업무가 사라지는 것은 아니다. 중간관리자는 여전히 기존 목표를 달성해야 하며, 동시에 변화 프로젝트에 요구되는 새로운 업무 방식, 협업 툴, 보고 체계 등을 학습하고 적용해야 한다. 위 기업의 경우, 본사 부서의 팀장들은 고객중심 프로세스 혁신[P] 활동을 위해 팀 내 주요 프로세스를 도식화하고 가치 창출이 적은 프로세스를 찾아내는 새로운 미션이 주어지기도 하였고, 직무분석을 통해 가치 창출 중심의 조직개편도 리드해야 하는 업무도 추가로 짊어져야 하는 상황에 놓여 있기도 하였다. 그들에게 변화는 '추가 업무'로 받아들여졌고, 그 과정에서의 성과 책임도 고스란히 중간관리자에게 집중되었다. 이런 현실적 문제에 대한 조직 차원의 해결책을 구체적으로 제시하지 못한 상황에서 중간관리자 대부분이 변화에 대해 반대 또는 회의적 입장을 취한 것은 자연스러운 결과였다.

중간관리자가 변화에 저항을 나타내는 또 다른 이유는 변화가 이들의 자율성과 정체성을 위협하기 때문이다. 변화가 상부 주도형으로 추진될 경우, 중간관리자는 종종 사전에 충분한 설명이나 참여 기회 없이 단지 '전달자' 혹은 '실행자'로서 지시만 받게 된다. 이에 따라 자신의 판단권과 주도성이 훼손된다고 느끼고, 이는 심리적 반발로 이어질 수 있다. 기존에 자신이 구축해 온 팀 운영 방식이나 성과관리 모델이 변화로 인해 무력화될 경우, 변화는 단지 '새로운 제도'가 아니라 '나의 방식에 대한 부정'으로 받아들여질 수 있다.

이러한 현실은 중간관리자에게 감정적 피로와 전략적 회의감을 동시에 유발한다. 위로는 경영진의 압박, 아래로는 팀원들의 불안과 저항, 옆으로는 동료 간 협업 긴장까지, 중간관리자는 조직 내 갈등과 기대가 집중되는 '조직의 경계면'에 서 있는 것이다. 변화의 성과가 성공하면 본사나 외부 컨설팅이 주목을 받지만, 실패하면 중간관리자의 '관리 부족'으로 간주하는 구조 속에서 이들은 쉽사리 진정성을 잃고 냉소에 빠지게 된다.

변화관리팀은 이들에게 변화의 다양한 측면을 충분히 해석하고 이해할 수 있는 시간과 기회를 갖게 하는 필요성을 절감하고 우선 이를 위한 여건 조성과 자원을 제공하기로 하였다. 여러 실무 워크숍과 학습 활동을 포함해 변화 프로젝트를 작은 단위로 나누어 천천히 실행하도록 하였고, 퀵윈quick win 과제 추진으로 변화에 대한 확신과 추진 동력을 갖도록 변화 프로세스를 설계하였다. 무엇보다 실험하고 학습할 기회를 제공하고 실패에 대한 높은 수준의 관용적 태도를 보여 결정을 반복할 수 있게 만든 것이 그들의 태도를 바꾸는 데 큰 도움이 되기도 하였다.

중간관리자를 단순한 실행자나 지시의 전달자로 간주하는 접근은 변화의 성공 가능성을 크게 낮출 수 있다. 변화관리자는 중간관리자를 '변화 설계의 공동 창조자'로 포지셔닝해야 하며, 그들이 기존 성과를 유지하는 동시에 변화까지 감당할 수 있도록 자원, 시간, 권한, 심리적 지지를 제공해야 한다. 변화 업무는 '기존 일 외에 추가되는 프로젝트'가 아니라, 기존 업무와 유기적으로 연결된 일의 재구조화라는 관점에서 접근해야 하며, 이를 위해서는 변화의 목표와 조직의 성과관리 체계 간의 정렬이 필수적이다. 결국 중간관리자는 변화의 성패를 결정짓는 전략적 파트너다. 이들이 변화에 몰입하고 주도할 수 있도록 정서적·구조적 설계가 뒷받침될 때, 조직은 변화의 저항을 넘어 지속 가능한 전환의 길로 나아갈 수 있다. 변화는 전략이 아니라 사람을 통한 실행이라는 진실은, 중간관리자의 경험과 목소리를 중심에 둘 때 비로소 현실이 된다.

변화 프로젝트에 대해 반대와 회의적 태도를 보인 원인에 대해 변화관리팀은 다양한 방식으로 그 원인을 찾고 분석하였다. 밀어붙이기식으로 진행되어 결국 실패로 끝났던 이전 변화 시도와 같을 것이라는 인식, 변화로부터 얻게 될 이득과 자기희생에 대한 비교로부터 얻은 불만족, 지금까지 해오던 방식이 수많은 시행착오의 결과이며 현실에 가장 최적화된 것이라는 생각, 변화 활동을 통해 자신의 능력이 드러날 것이라는 불안감, 자신의 지위와 권한이 침해될 것이라는 생각, 자율성 침해에 대한 심리적 반작용 등 다양한 원인을 찾아낼 수 있었다.

긍정적 변화를 위한 두 가지 여정

변화에 대한 구성원들의 부정적 피드백은 크게 두 가지로 분류할 수 있다. "못 하겠다"와 "안 하겠다"이다. "못 하겠다"는 실행의 조건이 갖추어지지 않은 상태, 즉 역량 부족, 시간 부족, 프로세스의 혼란 등 시스템 또는 환경적 장애 요인을 의미한다. 이 경우 구성원은 변화의 필요성은 인지하고 있지만, 실행할 수 있는 조건이 갖춰지지 않았다고 느끼는 상태다. 반면, "안 하겠다"는 변화의 당위성에 대해 심리적 반감, 불신 냉소, 무관심 등의 태도적 문제, 다시 말해 "의지의 문제"가 개입된 경우다. 이는 리더십, 조직문화, 신뢰 관계, 내면적 동기부여와 밀접하게 연결된다. 변화관리의 실패는 종종 이 두 가지를 혼동하거나, 하나만을 다룰 때 발생한다. "못 하겠다"를 "안 하겠다"로 오해하면 역량이나 자원이 부족한 사람에게 태도의 문제라 치부하고, 불필요한 압박을 가하게 될 수 있다. 반면 "안 하겠다"는 마음의 문제인데, 이를 "못 하겠다"는 능력의 문제로 오해하면 실제로는 하기 싫은 사람에게 교육이나 도구만 주는 식의 엉뚱한 대응을 하게 된다. 그 결과 구성원은 "우릴 뭘로 보는 거야", "말은 듣지도 않으면서 교육만 하네"라는 냉소가 커져 오히려 변화가 더 어려워진다.

현실적 문제는 변화 프로젝트에서 구성원이 "저 이거 안 하겠습니다"라고 노골적으로 말하는 경우는 드물다. 대부분은 표면적인 동의 아래에 감춰진 소극적 저항의 형태로 나타나며, 변화관리자의 세심한 관찰과 진단 역량이 요구된다. "안 하겠다"는 태도는 명시적 언어보다는, 회의에서는 고개를 끄덕이지만 실행 단계에서 반복적으로 일정을 지연하거나 핵심 작업을 빠뜨린다거나, 의미 없는 질문을 반복하거나 과도한 문제를 제기한다거나, 존재감 없는 참여, 냉소적 언급 등의 행동 패턴, 감정적 분위기, 소통 방식 등을 통하여 드러난다.

이러한 소극적 저항의 기저에는 세 가지 심리적 메커니즘이 복합적으로 작동하고 있다. 첫째, 변화에 대한 반작용 reactance to change

이다. 구성원은 자신이 통제하지 못하는 방식으로 변화가 밀어붙여질 때 자율성이 위협받는다고 느끼며, 이에 대한 심리적 방어로 회피, 무시, 반발과 같은 반응을 보이게 된다. 둘째, 현상 유지편향 status quo bias이다. 특별한 이득이 보장되지 않는 한 익숙한 상태를 유지하려는 경향은 인간 두뇌의 에너지 절약 메커니즘과도 연결되며, 변화에 대한 무관심이나 수동적 태도로 이어진다. 셋째, 소유효과endowment effect이다. 오랫동안 사용해 온 시스템, 업무 방식, 전문 지식에 대해 구성원은 강한 심리적 소유감을 갖게 되며, 이를 잃는 것을 실제 손실loss로 인식함으로써 변화에 대한 감정적 저항이 강화된다.

이러한 심리적 저항을 완화하기 위해서는, 변화의 방향과 속석을 구성원이 함께 해석하고 설계할 수 있는 참여적 구조가 전제되어야 한다. 또한 변화가 왜 필요한지, 그것이 개인과 조직 모두에게 어떤 혜택을 가져올지를 명확하게 제시하고, 과거의 성과와 노력을 충분히 인정한 후 변화 속에서 구성원이 새롭게 기여할 수 있는 역할을 명확히 제시하는 것이 필요하다. 결국 변화 저항을 해소하는 핵심은 강요된 순응이 아니라, 구성원이 변화의 의미를 내면화하도록 돕는 정서적·인지적 설계에 달려 있다.

변화 생존자와
숨은 저항의 탐지

변화를 추진하는 리더들에게 큰 난제 중 하나는, 변화에 중요한 역할을 수행해야 할 사람들이 '변화 생존자change survivor'의 태도를 보이는 경우이다. 이들은 겉으로는 변화에 동의하고 참여하는 듯 보이지만, <u>실제로는 기존 방식과 태도를 유지하며 변화의 본질을 회피</u>한다. 특히 조직이 반복적으로 실패한 변화 경험이 있거나, 변화 성과에 대한 책임이 명확하지 않은 문화 속에서는 이러한 유형의 구성원이 다수 나타나게 된다. 이들은 단순한 저항자와는 달리 <u>비판도 하지 않고, 대놓고 거부하지도 않으며</u>, 겉으로는 '협조적인 태도'를 취하기 때문에 변화관리자가 간과하기 쉽다. 그러나 이들은 실제 실행력을 약화하고, 주변 동료에게 '냉소적 영향력cynical influence'을 미치며, 변화의 에너지를 서서히 소진한다. 이전 변화 프로젝트에서 저자는 최고경영자에게 이들에 대한 경각심을 가지라고 요청하였고, 이들을 대할 때 태도나 발언이 아닌 그들이 보인 '행동'에 대한 구체적 데이터, 즉 변화에 있어 당신의 책임은 무엇이며, 2개월 후 무엇이 달라져야 하는지 구체적 수치나 산출물 등의 기준으로 평가하라는 조언을 하기도 하였다. 변화 생존자는 상층부에는 '잘하고 있다'는 메시지를 보내지만, 실제 팀 안에서는 변화에 대한 무관심 혹은 은근한 냉소적 분위기를 퍼뜨리기 때문에 내부 변화 촉진자 그룹을 통한 정성적 관찰과 피드백 수집 또한 필요할 수도 있다.

그러나 변화 생존자는 단순히 개인적인 특성이 아니라, 과거 변화가 제대로 마무리되지 않고 흐지부지된 경험에서 비롯된 문화적 산물일 수도 있다. "어차피 이번에도 안 될 거야"라는 인식이 조직에 깔려 있다면, 생존자는 합리적으로 행동하고 있는 것일 뿐이다. 따라서 리더는 이번 변화가 과거와 무엇이 다른지, 어떤 구조적 보완이 있는지 분명한 메시지와 사례로 차이를 설명해야 한다. 더불어, 변화에 실질적으로 기여한 사람에 대한 인정과 보상이 분명히 드러나야 "변화에 참여해야만 살아남는다"는 인식 전환이 가능해진다. 조직은 변화를 수용하지 않고도 살아남을 수 있는 '회색지대'를 없애야 하며, 변화가 선택이 아닌 생존의 방식이 되는 문화를 정착시켜야 한다. 변화 생존자에게도 변화가 '나의 일'이 되도록 만드는 것이 진정한 변화관리의 완성이다.

Key Questions

- 우리 조직은 구성원의 "못 하겠다"와 "안 하겠다"를 명확히 구분하고 있는가?

- 중간관리자를 변화의 '공동 설계자'로 인식하고 있는가, 아니면 단순한 전달자로만 보고 있는가?

- 우리 조직은 변화 생존자의 '겉과 속이 다른' 태도를 어떻게 감지하고 대응하고 있는가?

- 이번 변화는 '과거의 실패'와 무엇이 다른지 명확하게 설명할 수 있는가?

06

변화관리 모델, 언제 어떻게 적용해야 효과적인가?

왜 변화관리 모델이 필요한가

조직은 끊임없이 변화해야 한다. 기술 발전, 소비자 가치의 이동, 사회적 규범의 변화, 예상치 못한 외부 충격 등은 기업에 지속적으로 새로운 방식으로 존재할 것을 요구한다. 그러나 많은 변화 프로젝트는 시작은 요란하지만 끝은 흐지부지된다. 매킨지McKinsey의 보고에 따르면 대규모 조직 변화의 약 70%가 실패하거나 기대

이하의 성과를 거두는 것으로 나타났다. 이는 변화 그 자체보다, 변화의 과정을 관리하지 못한 데서 비롯된다. 변화는 단순히 전략이나 목표를 바꾸는 문제가 아니라, 구성원의 행동, 인식, 감정, 정체성에 이르는 전방위적 전환이기 때문이다.

이러한 복잡한 전환을 효과적으로 다루는 데 필요한 것이 변화관리 모델이다. 변화관리 모델은 변화가 언제, 어떻게, 누구를 통해, 어떤 방식으로 이루어져야 하는지를 구조화된 방식으로 설명한다. 마치 항해 중인 선박에 항로와 나침반이 필요하듯, 변화관리 모델은 조직이 혼란 속에서도 일관된 방향성과 실행력을 유지하도록 돕는다. 특히 변화 초기에 어떤 흐름으로 전략을 수립할지, 실행 중에 어떤 신호에 주목할지, 구성원의 저항이 어디서 비롯되고 있는지를 진단하고 대응하는 데 중요한 프레임 역할을 한다.

실제로 변화관리 모델이 없는 조직은 변화 과정을 경험과 직감에 의존하거나, 상명하달식 권위에 기대는 경우가 많다. 이런 접근은 변화의 실행 가능성을 높이기보다는 구성원의 수동성과 냉소를 강화하는 경향이 있다. 변화란 선언만으로 이루어지지 않는다. 구성원이 새로운 방식의 일하는 법과 사고방식을 체화하고, 그것이 조직 내에서 안정적으로 자리 잡아야 변화는 진정한 성과로 이어진다. 모델은 이러한 과정을 설계하고 측정 가능한 단계로 나누어,

리더가 어디서 개입해야 하고 어떤 메시지를 언제 전달해야 하는지를 명확하게 알려준다.

물론 변화관리 모델이 모든 문제를 해결해 주는 만능 도구는 아니다. 하지만 모델이 없다면 조직은 변화의 흐름을 주도하기보다는 따라가게 되며, 변화의 불확실성 속에서 일관된 방향을 잃기 쉽다. 변화관리 모델은 변화의 본질을 더 잘 이해하고, 구성원이 무엇에 반응하는지를 분석하며, 전략과 실행을 연결하는 실천적 도구다. 변화는 자연적으로 일어나지 않는다. 변화는 설계되고, 관리되어야 하며, 그 시작점이 바로 변화관리 모델이다.

변화관리 모델의 주요 유형

변화관리 모델은 크게 두 가지 유형으로 분류할 수 있다. 하나는 변화가 명확한 단계와 구조를 갖추어 체계적으로 관리되어야 한다는 '프로세스 중심 모델process-oriented model'이며, 다른 하나는 변화 과정에서 나타나는 구성원의 감정적이고 심리적인 측면에 초점을 맞추는 '사람 중심 모델people-oriented model'이다. 프로세스 중심 모델은 변화의 실행 단계를 명확하게 제공하며, 사람 중심 모델은 구성원의 변화 수용을 촉진하는 데 중점을 둔다.

프로세스 중심 모델의 대표적인 사례는 존 코터의 변화 모델이다. 코터의 모델은 1996년 처음 제시된 8단계 변화 모델과 2014년에 업데이트된 모델로 구분된다. 1996년 모델은 변화 과정을 명확한 단계로 나누어 순차적이고 전략적으로 접근하도록 돕는다. 이 모델은 ① 위기감 조성, ② 변화 추진팀 구성, ③ 비전 수립, ④ 비전 소통, ⑤ 비전 실행을 위한 임파워먼트 ⑥ 단기 성과 창출, ⑦ 성과 기반의 변화 확대, ⑧ 변화의 조직문화 내 정착의 단계를 포함한다. 이 접근법은 변화의 계획적 추진과 구조적 접근에 강점을 가지며, 특히 대규모 조직의 변화관리에 효과적이다.

반면, 2014년 모델은 현대적이고 빠르게 변화하는 환경을 반영하여, 기존 모델의 순차적이고 정형화된 접근에서 벗어나 여러 단계를 동시에 concurrently 진행하며 지속적으로 continuously 반복하는 유연한 접근을 강조한다. 특히 더 이상 최고경영진만이 변화를 주도하는 것이 아니라, 조직 전체의 자발적인 참여와 협력이 필수적임을 강조하며, 조직 내 '자발적 참여 네트워크 volunteer army'를 구성하여 전통적인 위계적 구조 hierarchy와 병행한 네트워크 구조 network 형태로 변화 추진력을 유지하는 '이중 운영 체제 Dual Operating System'를 제안하였다. 이는 변화의 민첩성과 지속적 혁신을 조직 내에 내재

존 코터의 변화관리 8단계 1996 버전	존 코터의 변화관리 8단계 2014 버전
위기감(긴박감)을 조성하라 Establishing a Sense of Urgency	위기감(긴박감)을 조성하라 Create a Sense of Urgency
변화 추진의 구심체를 구축하라 Building a Powerful Guiding Coalition	변화 추진의 구심체를 구축하라 Build a Guiding Coalition
비전을 정립하라 Creating a Strategic Vision	비전을 정립하라 Form a Strategic Vision
비전을 소통하라 Communicating the Vision	자발적 참여 네트워크를 구축하라 Enlist a Volunteer Army
비전에 따라 행동하도록 임파워먼트하라 Empowering Others to Act on the Vision	장애물 제거를 통해 행동을 활성화해라 Enable Action by Removing Barriers
단기간에 눈에 띄는 성공을 끌어내라 Planning for and Creating Short-Term Wins	단기간에 눈에 띄는 성공을 끌어내라 Generate Short-Term Wins
성과를 통합하고 변화를 가속화하라 Consolidating Improvements and Producing Still More Change	가속화를 유지하라 Sustain Acceleration
새로운 접근 방식을 제도화하라 Institutionalizing New Approaches	변화를 제도화하라 Institute Change

화하는 것을 목표로 한다.

코터 모델의 진화 과정은 실무적으로 다음과 같은 중요한 시사점을 제공한다.

첫째, **변화관리는 선형적이고 하향식 프로세스에서 동시다발적이고 네트워크형 구조로 전환해야 함을 시사**한다. 코터의 1996년 버전은 전통적 계층 구조 내에서 최고 경영진이 주도하는 단계적 변화 프로세스를 강조했다면, 2014년 버전은 변화가 비선형적이고 동시다발적으로 이루어질 수 있음을 인정하며, 변화관리를 단순한 프로젝트가 아니라 조직의 일상적 활동이자 문화적 운동으로 인식해야 한다고 강조한다.

둘째, **변화관리에서 '관리'의 역할보다 '리더십'의 역할이 더 강화되어야 한다**는 것이다. 1996년 모델에서도 리더십의 중요성을 언급했지만 주로 변화 프로세스를 관리하는 측면에 초점을 두었다. 반면 2014년 모델은 변화를 관리하는 것을 넘어 가속화하고 혁신을 촉진하는 데 필요한 리더십의 역할을 강조한다. 이는 계획 수립과 통제 중심의 관리 역량만으로는 급변하는 환경에서 변화를 주도하기 어렵고, 사람들의 마음을 움직이는 강력한 리더십이 필수적이라는 의미를 담고 있다.

셋째, **지속적 변화와 혁신의 필요성을 강조**한다. 1996년 모델은 큰 변화 프로젝트의 성공적 완수에 초점을 맞추었지만, 2014년 모델은 변화가 일회성이 아니라 지속적이고 상시적인 과정임을 강조하며, 조직이 항상 새로운 기회를 탐색하고 신속히 대응하여 지속적인 혁신을 이루어야 한다고 제안한다.

넷째, **권한 부여의 범위를 더욱 폭넓게 확장해야 한다**는 것이다. 1996년 버전이 주로 장애물 제거에 초점을 맞추었다면, 2014년 버전은 구성원이 자발적으로 참여하고 새로운 아이디어와 이니셔티브를 실험할 수 있도록 폭넓은 권한을 부여하는 방향으로 변화했다. 이는 위에서 내려오는 지시가 아니라 구성원의 자율적이고 창의적인 행동을 독려하며, 현장에서 주도적으로 변화를 추진할 수 있는 환경을 구축해야 함을 시사한다.

또 다른 프로세스 중심 모델인 ADKAR 모델은 Prosci에서 개발한 변화관리 프레임워크로 개인의 변화 수용 과정을 단계적으로 분석하는 데 특화되어 있다. ADKAR는 변화가 필요하다는 인식 Awareness, 변화에 참여하고 지지하고자 하는 태도와 열망 Desire, 변화가 어떻게 이루어지는지에 대한 지식과 스킬 Knowledge, 매일 매일 변화를 실행할 수 있는 역량 Ability, 변화를 지속적으로 유지하고 강화할 방안 Reinforcement의 다섯 단계로 구성되며, 변화 과정에서 개인 또는 팀이 어느 단계에 있으며 무엇이 부족한지를 정확하게 진

ADKAR 단계별 이슈 해결 방안		**Awareness** 변화가 필요하다는 인식	**Desire** 변화에 참여하고 지지하고자 하는 열망
예상되는 장애 요인/ 핵심 이슈		• 변화 필요성에 대한 불분명한 메시지 • 현상황에 대한 개인별 인식의 차이 • 문제 해결 방식에 대한 개인별 차이 • 메시지 송신자에 대한 신뢰 이슈 • 잘못된 정보, 루머	• 변화가 자신에 가져오는 혜택에 대한 불명확성(WIIFM) • 과거 실패한 변화관리 경험에서 오는 부정적 인식 • 개인적 이해관계(경제적 상황, 경력 관리, 나이 등) • 동기부여 요인의 개인별 차이
극복 방안/ 전략		• 효과적인 커뮤니케이션 • 적극적 스폰서쉽 • 부서장의 코칭 • 정보 접근권한 확대	• 적극적, 구체적 리더의 역할 • 변화관리자로서의 부서장 • 이해관계자 분석에 따른 리스크 관리 • 변화 프로세스에 구성원 참여

단할 수 있게 한다. ADKAR 진단을 통하여 개인 또는 팀은 각 단계에서 예상되는 장애 요인이나 핵심 이슈를 파악하고, 이의 극복 방안이나 전략을 수립하는 데 이 프레임웍을 유용하게 활용할 수 있다.

사람 중심 변화관리 모델의 대표적 사례인 윌리엄 브릿지William

Knowledge 변화가 어떻게 이루어지는지에 대한 지식/스킬	Ability 매일 매일 변화를 실행할 수 있는 역량	Reinforcement 변화를 지속적으로 유지하고 강화하기 위한 방안
• 변화관리 지식: 행동, 스킬, 프로세스, 도구, 시스템, 역할과 책임 • 현재 구성원들의 변화관리 관련 낮은 지식 수준 • 낮은 지식 습득 역량 • 불충분한 교육훈련 리소스	• 개인별 경험과 관점에 따른 심리적 장벽 • 새로운 행동양식 적응에 대한 개인적 차이 • 신체적 지적 능력의 개인별 차이 • 시간과 우선순위에 관한 개인적 이해관계 • 활용가능한 자원의 부족	• 동기부여 방식(내재적/외재적)에 관한 개인적 선호 방식 차이 • 자신의 변화 노력이 무시되거나 간과된다는 느낌을 받는 상황 • 변화 노력 성과에 대한 심리적 압박감 • 비합리적인 성과평가시스템
• 효과적인 교육 훈련 • 직무 역량 향상을 위한 시스템, 레퍼런스 지원 (업무 생산성 향상 도구, 지식 공유 시스템 등 IT 지원) • One-on-One 코칭 • 협력 학습(User Groups, 포럼, CoP 등)	• 부서장의 적극적 변화관리 개입 • 액션러닝 • 성과 모니터링	• 칭찬과 격려 • 인정과 보상 • 긍정적 피드백 • 합리적 성과평가시스템

Bridges의 전환 모델Transition Model은, 변화change는 외부 사건 또는 상황의 변화지만, 전환transition은 그 변화에 대한 개인의 내면적이고 심리적인 반응 과정이라며 변화와 전환을 구분하여 설명한다. 변화는 외부에서 일어나는 일이지만, 전환은 개인이 그 변화에 적응하고 새로운 현실을 '내면화'하는 과정이라는 것이다. 이 모델

은 '과거와의 결별Ending', '중립지대Neutral Zone', '새로운 시작New Beginning'의 세 단계를 통해 변화 과정에서 구성원이 느끼는 상실감과 불확실성, 심리적 저항을 효과적으로 이해하고 관리할 수 있는 도구를 제공한다.

조직의 변화관리 담당자와 리더들에게 윌리엄 브릿지의 전환 모델은 단순히 변화를 '관리'하는 것을 넘어, 변화를 '이끄는' 데 필요한 깊은 통찰을 제공한다. 이 모델은 변화Change와 전환Transition을 명확히 구분함으로써, 리더들이 기술적이고 구조적인 변화의 절차적 추진에만 집중할 것이 아니라, 그 변화에 대한 구성원들의 심리적이고 내면적인 반응 과정을 이해하고 적극적으로 다뤄야 함을 강조한다. 변화의 시작은 '과거와의 결별'에서부터임을 인식하고, 과거의 방식, 역할, 심지어 정체성과의 단절에서 오는 상실감과 저항을 자연스러운 인간적 반응으로 수용하는 것이 중요하다. 이는 곧 변화에 대한 저항을 단순히 제거해야 할 장애물이 아니라, 공감하고 다독여야 할 감정으로 바라보게 하며, 리더가 강압적인 설득 대신 인간적인 이해와 지지를 통해 신뢰를 구축하게 한다. 또한, 과거와 새로운 것 사이의 혼란스러운 중립 지대Neutral Zone는 비생산적이고 불안정한 시기로 보이지만, 리더는 이 공간을 창의적이고 실험적인 학습의 장으로 활용하여 새로운 아이디어와 해결책을 모색할 기회를 제공해야 한다. 마지막으로, 새로운 시작New Beginnings은 앞선 두 단계를 성공적으로 관리했을 때 비로소 도래하는 것이며, 이때 리더는 새로운 행동과 문화를 강화하고, 작은 성공들을 축하하며, 지속적인 지원을 통해 변화가 조직에 깊이 뿌리내리도록 해야 한다. 결국 윌리엄 브릿지 모델은 변화관리가 단순히 프로젝트 관리 기술이 아니라, 구성원들의 감정과 심리를 이해하고 공감하며, 그들이 변화의 과정을 성공적으로 내면화하도록 돕는 리더십의 본질임을 강력하게 시사한다.

변화관리는 단순히 정해진 프로세스를 따라가는 기술적인 활동을 넘어, 조직 전체의 문화적이고 지속적인 운동으로 인식되어야 한다. 특히 존 코터의 변화관리 모델이 1996년부터 2014년까지 진화한 과정은 변화관리 접근 방식의 전환을 명확히 보여준다. 기존의 선형적이고 하향식 접근에서 벗어나 동시다발적이고 유연한 네트워크형 구조로 전환되면서, 변화는 더 이상 일회성 프로젝트가 아닌 지속적으로 이루어지는 조직 내 문화적이고 일상적인 활동으로 자리 잡았다.

이러한 진화 과정에서 주목해야 할 점은 리더십의 역할이다. 변화관리를 효과적으로 수행하려면 단순히 계획과 통제 중심의 관리 역량만으로는 부족하며, 구성원의 마음을 움직이고 자발적 참여를 촉진하는 강력한 리더십이 필요하다. 리더는 변화의 비전을 제시하고, 구성원들이 공감하고 자율적으로 행동하도록 독려하며, 지속적 혁신을 위한 환경을 조성해야 한다.

또한 지속적인 변화와 혁신을 강조하는 현대적 접근은 조직이 항상 새로운 기회를 탐색하고 신속히 대응할 수 있도록 유연성과 민첩성을 확보해야 함을 시사한다. 변화는 단발적인 성공을 넘어 지속적으로 진화하고 발전하는 과정이며, 조직은 이러한 변화를 적극적으로 관리하고 내재화하는 역량을 구축해야 한다.

권한 부여의 범위를 확장하는 것도 중요하다. 기존의 장애물 제거 중심에서 벗어나 현장 구성원들에게 광범위한 권한과 자율성을 부여하고, 새로운 아이디어와 이니셔티브를 실험할 기회를 제공해야 한다. 이는 변화가 조직의 모든 구성원에 의해 주도되고 실천될 수 있는 환경을 마련하는 것이다.

실무적으로는 프로세스 중심 모델과 사람 중심 모델을 전략적으로 결합하여 활용하는 것이 가장 효과적이다. 코터의 모델로 구조적이고 계획적인 실행 기반을 구축하고, ADKAR 모델을 통해 개인과 팀의 세부적인 변화 수용 단계를 정확히 진단하며, 브릿지 모델을 활용하여 구성원의 심리적 저항과 전환 과정을 공감적이고 효과적으로 관리할 수 있다. 이 세 모델을 통합적으로 활용함으로써 조직은 변화관리의 성공 가능성을 극대화할 수 있을 것이다.

결국 변화관리 모델의 활용은 조직이 지속적으로 발전하고 혁신하며, 구성원들이 변화 과정에 주도적으로 참여하고 헌신할 수 있는 문화를 조성하는 데 핵심적인 역할을 한다. 따라서 조직은 변화관리 모델을 단순한 도구가 아니라 전략적이고 통합적인 리더십 접근의 필수 요소로, 적극적으로 활용해야 한다.

Key Questions

- 우리 조직은 변화관리를 일회성 프로젝트로 인식하는가, 아니면 지속적인 문화와 운동으로 인식하고 있는가?

- 조직 내에서 리더십은 구성원의 자발적 참여와 혁신을 충분히 촉진하고 있는가?

- 변화와 혁신을 지속적으로 관리할 수 있는 조직 내 역량과 민첩성은 충분히 갖추어져 있는가?

- 조직의 구성원들은 충분한 권한과 자율성을 부여받아 변화의 주체로서 적극적으로 참여하고 있는가?

07

윌리엄 브릿지의 변화 프로세스는 우리에게 어떤 통찰을 주는가?

변화change는 외적 사건이지만 전환transition은 내적인 여정이다. 변화관리 컨설턴트로 유명한 윌리엄 브릿지William Bridges는 그의 글 "Leading Transition: A New Model for Change, What's Missing from Most Change Efforts"에서 이 두 개념을 명확히 구분하며, 변화는 하루아침에 일어날 수 있지만, 전환은 사람마다 수년이 걸릴 수 있는 심리적 내면화 과정임을 강조한다. 그는 조직 변화가 성공하려면, 사람들의 내면에서 일어나는 전환 과정을 충분히 이해하고 설계해야 한다고 본다. 브릿지는 심리적 여정을 다음과 같은 3단계로 설명한다. 과거와의 결별The Ending, 중립지대The Neutral Zone, 새로운 시작The New Beginning. 이 모델은 단순한 이론적 틀을 넘어, 성경의 출애굽기 서사와 연결되어 조직 변화의 본질을 더욱 생생하게 드러낸다.

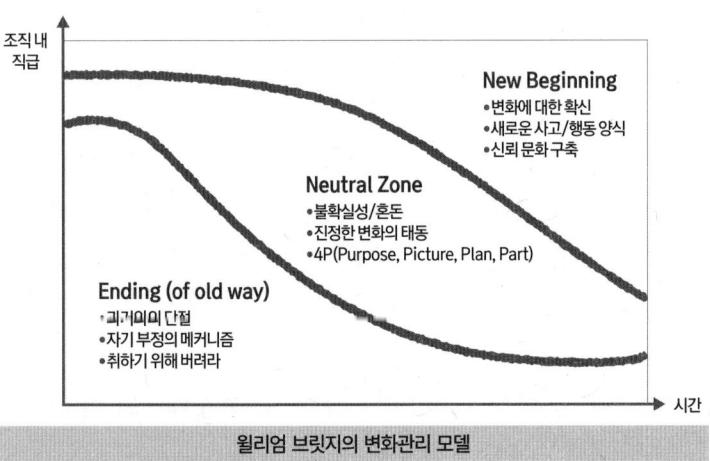

윌리엄 브릿지의 변화관리 모델

1단계:
과거와의 결별 The Ending

구약 출애굽기에서 모세는 이집트에서 430년 동안 노예로 살던 이스라엘 백성을 이끌고 젖과 꿀이 흐르는 약속의 땅 가나안으로 떠난다. 그러나 이 여정은 단순한 지리적 탈출이 아니었다. 그것은 가치관, 정체성, 신념의 총체적 재편을 요구하는 심리적 이탈의 과정이었다. 홍해를 가르는 기적은 단지 물리적 경계를 넘는 사건이 아니라, 과거로 돌아갈 수 없다는 '심리적 비가역성'을 상징한다.

조직도 마찬가지다. 변화의 시작은 '과거와의 결별' 즉 '버림'에서 출발한다. 조직은 과거의 성공에 의존하려 하고 과거로부터 학습된 결과만을 믿고, 반복되는 일상에 안주하는 속성을 갖는다. 어떻게 든 기존의 사업을 고수하려 하고, 어렵게 얻은 시장 장악력을 쉽게 내놓으려 하지 않는다.

조직이 성공하면, 성공은 항상 그 성공의 가장 큰 요인이었던 행동을 진부한 것으로 만드는 습성이 있다. 성공으로 이끌었던 당시의 가정들을 당연시하는 풍조가 생겨나기 시작하고, 옳은 것보다는 편리한 것을 추구하며 성공으로 이끌었던 질문을 다시 끄집어내는 것을 싫어한다. 드러커의 비유처럼 "잘 달리는 자전거를 뒤에서 흔드는 격"으로 생각하고 질문하기를 멈춘다. 해답은 기억하지만 질문이 무엇이었는지를 잊어버리고 만다. 경영 환경이 불확실할수록 과거에 안주하려는 조직의 성향은 더욱 두드러지게 나타나며, 조직의 리더들은 '익숙한 것'으로부터 벗어나지 않으려는 유혹을 받게 된다. 이런 유혹은 리더로 하여금 자신이 한 행동에 대해 방어 기제를 갖게 하고, 결국 새로운 관점에서 현상을 인식하려는 노력에 장애를 만들어낸다. 혁신은 자기 부정을 전제로 한다. 외부의 압력에 의한 피동적인 변화가 아닌 진정한 자기 혁신을 이루려면 '현재에 머무르지 않기 위한 자기 부정의 메커니즘'을 갖추어야 한다. 변화의 시작은 늘 과거의 나, 오늘의 나와 결별할 준비를 요구한다.

역설적이지만 창조의 작업은 버리는 작업이다. 취하는 것과 버리는 것은 다른 이름의 같은 행위이다. 조직은 버림의 목록을 명확히 해야 하며, '성공을 낳은 과거'와 심리적으로 작별할 수 있는 통로를 설계해야 한다.

2단계:
중립지대 The Neutral Zone

모세의 인도로 자유를 찾아 이집트를 탈출한 이스라엘 백성들은 걸어서 한 달이면 도착할 수 있는 자유의 땅 가나안에 도착하지 못하고, 40년을 광야에서 지내야 했다. 광야에서의 40년은 목적지를 향한 직선적 이동이 아니라, 정체성과 공동체 문화를 재구성하는 내적 여정이었다. 그 과정에서 불평과 갈등, 반목이 터져 나왔고, 어떤 이들은 과거로 돌아가길 원했다. 그러나 이 시기는 동시에 십계명이 주어지고, 재판제도가 확립되며, 공동체 규범이 제도화된 시간이었다. 광야는 혼돈이자 재창조의 공간이다.

광야의 시간은 무척 힘들고 괴로운 시간이기도 하지만 자기성찰의 시간이기도 하다. 고통스러운 시간이며 동시에 더는 물러설 곳이 없기 때문에 새롭게 태어날 기회인 것이다. 광야에서의 40년에 대해 성경은 이렇게 말하고 있다.

"네 하나님 여호와께서 이 사십 년 동안에 너로 광야의 길을 걷게 하신 것을 기억하라. 이는 너를 낮추시며 너를 시험하사 네 마음이 어떠한지, 그 명령을 지키는지 아니 지키는지 알려 하심이라."

현대 조직에서 중립지대는 불확실성과 갈등, 심리적 피로가 만연한 시기이다. 그러나 이 시간은 '구조적 재설계'와 '정체성 재정립'의 기회이기도 하다. 브릿지는 이 시기에 리더가 4P$^{Purpose, Picture, Plan, Part}$를 구체화해야 한다고 말한다.

▶ **Purpose**(목적)

왜 우리는 이것을 해야 하는가에 대한 명확한 메시지를 구성원들과 공유한다. 모세는 가나안 땅으로 가는 것이 단지 핍박으로부터의 자유를 의미하지 않음을 역설하였다. 아브라함, 이삭, 야곱의 자손으로서 이스라엘 민족의 정체성과 명예로운 선민의식의 전통을 자랑스러운 정신적 유산으로 재해석하고 설득함으로써 가나안 땅에서의 새로운 공동체에 대한 확신을 심어주었다. 모세는 변화를 강요하지 않았고 군림하려고도 하지 않았다. 지독할 정도의 겸손함을 갖고 있으면서도, 변화에 대한 거부감이 생길 여지를 남기지 않을 정도의 주도면밀함을 보여 주었다. 사람들은 그를 주시하게 되었고, 그의 추종자가 되었고, 점차 진지하게 변화를 받아들였다.

▶ **Picture**(비전)

달성하고자 하는 미래의 분명한 청사진을 제시한다. 모세는 시련과 고통의 시기에서 "변했으니 할 수 없다, 받아들이자"는 수동적 사고방식을 철저히 거부했다. 변화를 강요하지 않고, 사람들이 스스로 변화를 원하도록 생생한 비전을 제시하였다. 젖과 꿀이 흐르는 가나안 땅에 대한 성경의 묘사는 너무나 선명하여 이스라엘 백성들이 미래의 생활이 어떤 모습이 될 것인지를 명확하게 보여준다.

"네 하나님 여호와께서 너를 아름다운 땅에 이르게 하시니 그곳은 골짜기든지 산이든지 시내와 분천과 샘이 흐르고, 밀과 보리의 소산지며 포도와 무화과와 석류와 감람들의 나무와 꿀의 소산지라, 너의 먹는 식물의 결핍함이 없고 네게 아무 부족함이 없는 땅이며, 그 땅의 돌은 철이요, 산에서는 동을 캘 것이라. 네가 먹어서 배부르고 네 하나님 여호와께서 옥토를 네게 주셨음으로 인하여 그를 찬송하리라."

▶ **Plan**(계획)

비전을 달성하기 위해 취해야 할 단계별 목표와 행동을 구체화한다. 광야의 시기에 모세가 보여준 계획은 매우 주도면밀하다. 그의 장인인 이드로의 제안을 받아들여 사법과 행정제도의 기초를 마련하고 스스로 미래를 위한 더 많은 시간을 갖도록 한 것은 변화 리더의 시간 관리 중요성과 변화 추진팀의 역할을 중시했음을 엿볼 수 있다. 광야의 시기에 만들어진 십계명은 시련과 고난의 시기에 공동체 해체를 막기 위한 상징적 방어벽이 되었을 뿐 아니라 공동의 목표를 이루기 위한 집단 규범의 역할을 하였다. 이 외에 모세는 일상생활의 과제를 정한 많은 양의 해야 할 일 목록을 제시하기도 하였다. 세부적으로 규정되는 실천적 과제가 없으면 처리되지 않는 사소한 문제들이 혼란을 가져오고 결국 과감한 비전도 초기 단계에서 좌초될 수 있음을 잘 알고 있기 때문이다. 성경은 제사 때 동물을 잡는 방법이나 일상에서 일어나는 사건들을 처리하는 온갖 규칙까지 다루고 있다.

▶ **Part**(역할)

변화의 성공을 위해 리더 그룹에 구체적 역할을 부여한다. 모세는 위임하되 함께 실천하는 지도자의 모습을 보였다. 그는 코치가 되어 함께 움직이며 지속적으로 중·단기 과제를 제시하고, 이스라엘 백성들로 하여금 일상의 규율을 통해 작지만 강한 성취감을 느끼게 하였다. 공동체에 대한 확신, 가나안 땅에 대한 비전을 제시하기 위해 모세 스스로 웅변가가 될 필요는 없었다. 설득력뿐 아니라 말솜씨에도 자신이 없다고 신에게 고백함으로써 모세의 형 아론이 변화 메신저의 역할을 맡도록 하였으며, 일반 백성과 최고 의사결정자인 자신과의 거리를 줄이기 위해 이드로를 제사장으로 임명하고 그를 통하여 백성들과의 소통을 극대화하는 모습을 보이기도 하였으며, 이드로의 제안에 따라 천부장, 백부장, 오십부장,

십부장을 임명함으로써 백성에 대한 관리체계를 새롭게 수립하기도 하였다.

윌리엄 브릿지가 강조한 중립지대의 본질은 '과거의 부정과 미래의 긍정을 동시에 견디는 시공간'이다. 이 과정에서 리더는 다음과 같은 실천 과제를 염두에 두어야 한다.

① **심리적 안전지대 구축**: 변화에 대한 불안은 갈등과 저항으로 표출된다. 리더는 비공식 대화, 안전한 피드백 채널, 감정 공유의 장을 통해 정서적 안정감을 조성해야 한다.
② **의미 있는 마일스톤 설계**: 긴 여정 속에서 중간 성취감을 주기 위한 단기 목표와 보상 구조를 설계해야 한다. 이는 구성원의 몰입도와 에너지를 유지하는 핵심이다.
③ **실험과 학습을 장려하는 구조 만들기**: 중립지대는 실패가 용인되는 구간이다. 시범 프로젝트, 프로토타입, A/B테스트 등을 통해 시도와 피드백의 루프를 조직 내에 내재화해야 한다.
④ **공동의 언어와 상징 설계**: 광야에서 십계명이 공동체 규범이 되었듯, 조직도 새로운 문화를 반영한 언어, 가치 선언문, 스토리를 구성하여 구성원의 정체성을 재구성해야 한다.

이 시기의 리더십은 감성적 유대와 상징적 언어, 피드백 루프를 활용한 설계가 필요하다. 조직은 혼란을 관리하는 기술뿐 아니라, 혼돈 속에서도 공동체로 기능할 수 있도록 감정의 안전망을 마련해야 한다.

3단계:
새로운 시작 The New Beginning

이집트를 떠난 이스라엘 백성들의 대부분은 하나님을 불신하고 배역한 죄로 인하여 광야에서 죽음을 맞이하였고 광야에서 태어난 새로운 세대들이 가나안에 들어갈 특권을 얻었다. 이는 마치 옛사람은 하나님의 유업을 얻지 못하고 새 사람만이 그것을 얻을 수 있음을 말해준다. 이 새로운 세대를 가나안 땅에 들어가도록 인도한 사람은 여호수아다. 모세는 약속의 땅을 밟지 못하였다. 그의 역할은 광야에서 끝난 것이다. 성경이 우리에게 말하고자 하는 것은 약속의 땅은 새로운 리더가 아닌 새로운 리더십을 요구한다는 것이다. 모세의 리더십은 중립지대에서 빛을 발하지만 약속의 땅에선 적합하지 않았다. 중립지대에서의 불확실성, 혼란을 극복하기 위해서는 이스라엘 백성들과의 감성적 유대를 강화하는 리더십이 필요했지만 약속의 땅에선 새로운 질서와 행동양식을 만들어내고, 변화에 대한 확신을 심어주기 위한 전략적, 실행적 리더십이 필요했던 것이다. 조직에서도 새로운 시작은 단지 시스템을 재가동하는 것이 아니라, 새로운 언어, 규범, 성과 기준, 피드백 체계를 설계하고 정착시키는 것이다. 심리적 전환이 완료되어야만 새로운 정체성이 조직 전반에 자리 잡을 수 있다.

마라톤효과

과거와의 결별, 중립지대, 새로운 시작의 3단계로 이루어지는 변화관리 프로세스를 시간과 사람이라는 변수를 대입하여 놓고 보면 조직 계층에 따라 변화에 적응하는 태도나 속도가 다름을 알 수 있다. 일반적으로 상위 계층일수록 변화 프로세스에 더 빨리 뛰어든다. 변화 프로세스가 본격적으로 시작하기도 전에 변화의 의도나 목적지, 관련된 많은 정보를 갖고 있기 때문이다. 수백 명이 참가하는 마라톤대회에서 출발 총소리와 함께 모든 선수들이 동시에 출발선을 넘지는 않는다. 선수 무리 뒤편에서 출발을 준비하고 있는 선수들은 출발 신호 후 한참 있다가 출발선을 넘게 된다. 이것은 당연하고 자연스러운 일이다. 변화를 시도하는 조직의 리더들은 구성원들이 과거와의 결별, 중립지대, 새로운 시작의 변화 프로세스를 거치는 데 많은 시간이 걸린다는 사실을 종종 간과한다. 변화의 여정은 마라톤 경기처럼 우승자를 가리는 경기가 아니다. 따라서 선두에 있는 엘리트 선수들은 뒤처진 선수들을 돌아보고 자기 생각과 경험을 공유하고, 격려하며, 그들의 이야기를 경청하여야 한다. 모든 선수가 동시에 출발선을 넘지 않는 것과 마찬가지로 모든 선수가 피니쉬라인에 동시에 도착할 수 없다는 사실 또한 당연하고 자연스러운 일이다. 선두 그룹 선수들이 채택한 뛰는 방식, 도구 등을 후미 그룹 선수들에게 강요하는 것은 절대 옳지 않다. 일반화된 접근이 아닌 대상의 특성에 따른 개별적 접근 방식이 필요하다. 그들의 이야기를 듣는 방식도 달라야 하고, 전달하고 싶은 메시지의 내용도 달라야 한다. 변화는 사람에 관한 것이고 결국 개인의 여정이다. 모든 구성원이 레이스에 참여하고 있고 올바른 방향으로 뛰고 있는 한 그들을 뒤처지지 않게 하고, 더 빨리 뛰게 할 수 있는 것은 리더들의 헌신뿐이다.

Key Questions

- 나는 내 조직에서 과거의 성공 방식과 익숙한 관행을 과감히 내려놓을 준비가 되어 있는가?

- 우리가 조직 변화의 전환기에 들어설 때, 단지 그 시간을 견디는 데 그치지 않고, 새로운 정체성과 의미를 만들어내는 창조적 시기로 전환하기 위해 무엇을 준비하고 있는가?

- 우리는 변화 과정에서 Purpose, Picture, Plan, Part의 4P를 실제로 구현하고 있는가?

- 조직 내 모든 구성원이 변화의 여정을 함께 달릴 수 있도록 리더로서 어떻게 '심리적 마라톤'을 설계하고 있는가?

08

변화 과정에서 구성원의 참여를 유도하는 커뮤니케이션 전략은 무엇인가?

변화와 커뮤니케이션의 관계 재정의

수많은 변화 프로젝트가 실패하는 이유는 변화 전략 자체가 나쁘기 때문이 아니라, 사람들이 그 변화에 '참여하지 않기' 때문이다. 많은 조직이 변화 전략을 설계하고 시스템을 바꾸며 실행 계획을 마련한다. 하지만 변화의 본질은 시스템이 아닌 사람을 움직이는 일이다. 그리고 사람을 움직이는 가장 핵심적인 수단이 바로 커뮤니케이션이다. 커뮤니케이션은 단순히 정보를 전달하거나 지시를 내리는 도구가 아니다. 그것은 변화의 방향과 이유를 구성원이 이해하고, 공감하고, 자신의 언어로 말하게 만드는 과정이다.

그러나 실제 변화 현장에서 많은 조직은 여전히 "어떻게 하면 구성원을 변화시키고 행동하게 만들 수 있을까?"에만 집중한다. 원하는 결과를 앞당기기 위해 사람들을 설득하고 압박하고 밀어붙이는 방식, 소위 '밀어붙이기식 변화'에 몰두한다. 변화 수용을 촉진하기 위해 커뮤니케이션을 '전략적 설득의 도구'로만 간주하는 것이다. 하지만 이러한 방식은 단기적인 복종은 끌어낼 수 있어도 지속적인 참여와 몰입을 만들어내지는 못한다.

진정한 변화는 구성원이 스스로 움직이고자 하는 내적 동기와 연결될 때 발생한다. 이때 필요한 것은 설득이 아니라 '공감'이다. 공감은 단지 '이해한다'는 제스처가 아니라, 구성원의 두려움, 저항, 기대, 정체성, 근본적 신념의 맥락을 통찰하려는 태도이며, 커뮤니케이션은 바로 그 통찰 위에 설계되어야 한다. 변화 메시지는 정보를 주입하는 것이 아니라, 심리적 거리를 좁히는 과정이며, 구성원이 "이 변화는 내 이야기다"라고 느낄 수 있도록 의미를 설계하는 과정이 되어야 한다.

이러한 관점에서 변화관리에서의 커뮤니케이션은 재정의되어야 한다. 커뮤니케이션은 단순한 '정보 공유'가 아닌 참여를 설계하는 전략 행위이며, 단발적인 '공지'가 아닌 신뢰를 축적하는 반복적 상호작용이며, 일방적 '전달'이 아닌 조직 정체성을 재구성하는 공동 창조의 장이다.

이 글은 변화 프로세스에서 커뮤니케이션이 어떻게 구성원의 심리적 수용과 자발적 참여를 끌어내고, 궁극적으로 조직의 변화 성공률을 높일 수 있는지를 탐색한다. 특히, 단일한 메시지를 모든 구성원에게 동일하게 전달하는 방식에서 벗어나, 이해관계자의 인식과 신뢰 수준에 따라 커뮤니케이션 전략을 어떻게 차별화할 수 있는지, 그리고 그 실행을 위한 구체적 수단은 무엇인지를 살펴본다.

궁극적으로 우리는 다음과 같은 질문에 대한 통찰을 제시하고자 한다.

"어떻게 말해야 구성원이 움직이는가?"

"어떤 말이 신뢰를 만들고 참여를 유도하는가?"

"커뮤니케이션을 통해 어떻게 변화가 '우리의 이야기'가 되는가?"

이해관계자 분류에 따른
차별적 커뮤니케이션 전략

조직의 변화는 언제나 '무엇을 바꿀 것인가'보다 '누가 그것을 수용할 것인가'의 문제로 귀결된다. 효과적인 커뮤니케이션은 바로 이 '수용'의 조건을 만들어내는 전략적 행위다. 그런데 많은 조직은 여전히 변화 메시지를 구성원 모두에게 동일한 방식으로 전달하려 하며, 이해관계자의 심리적 위치나 신뢰 수준을 세밀하게 구분하지 않은 채 일률적 설득을 시도한다. 하지만 변화에 대한 반응은 사람마다 다르며, 그 반응은 단지 메시지의 내용이 아니라, 그 메시지를 **누가, 어떤 태도와 맥락에서** 듣느냐에 달려 있다.

커뮤니케이션 전략은 구성원의 입장을 유형화하는 것에서 시작해야 한다. 특히 '조직에 대한 신뢰 수준'과 '변화 방향 및 노력에 대한 동의 정도'라는 두 가지 축을 기준으로 이해관계자를 분류하면 커뮤니케이션의 목표와 방식은 보다 정밀해질 수 있다. 이러한 분석을 통해 도출되는 주요 유형은 다음과 같다. 조직과 변화 모두에 대해 불신을 가진 '적대적 반대자', 변화 방향에는 공감하지만 조직에 대한 신뢰가 낮은 '소극적 동조자', 변화에는 비판적이지만 조직 자체는 신뢰하는 '우호적 반대자', 변화와 조직 모두를 지지

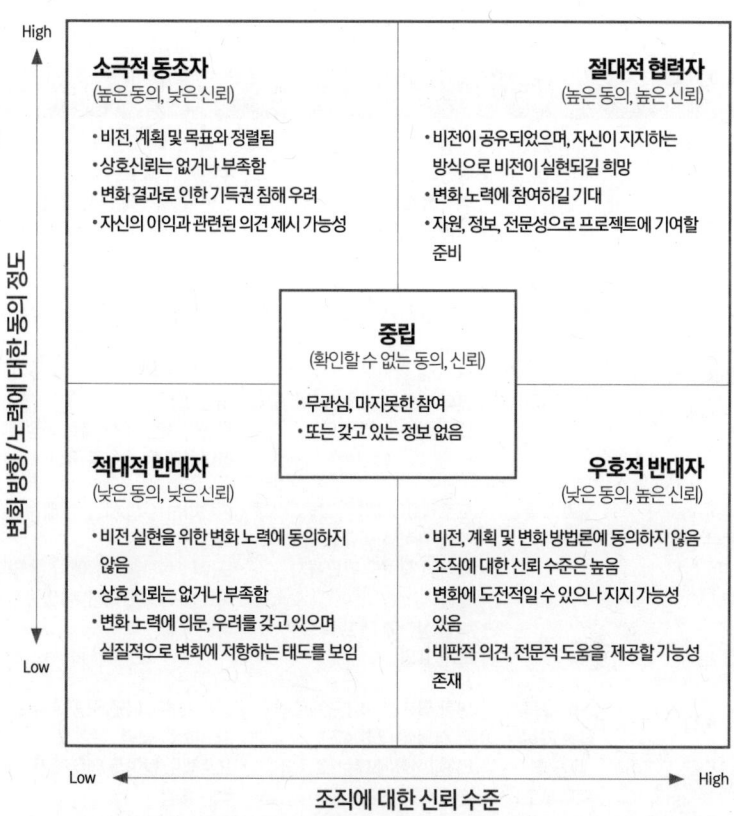

이해관계자 유형

출처: Change Management Toolkit, University of California, Berkeley

하는 '절대적 협력자', 그리고 입장이 명확하지 않거나 정보가 부족한 '중립' 유형이다.

각 유형은 커뮤니케이션이 지향해야 할 핵심 목적이 다르다. 예

이해관계자 커뮤니케이션 전략

이해관계자 유형	목표	접근전략	
절대적 협력자 (높은 동의/신뢰)	동의에 대한 확신 및 열정 끌어내기	• 신뢰 관계의 재확인 • 비전과 변화 노력에 관한 취약성 확인 • 역할과 책임에 대한 상호 이해	• 프로젝트에 대한 이들의 이슈 및 우려에 대해 토론 • 조언 및 적극적 지지 요청 • 프로젝트에 대한 헌신 확인 및 동기부여
우호적 반대자 (낮은 동의/ 높은 신뢰)	변화방향 및 노력에 대한 동의 끌어내기	• 신뢰 관계의 재확인 • 프로젝트에 기여할 전문성과 스킬 확인 • 변화 필요성, 비전, 프로젝트 성과에 대한 설명	• 상대방 관점에서 그들의 입장을 경청 • 프로젝트 참여를 염두에 둔 개인적인 초청 • 그들이 처한 문제 해결 과정에 참여하여 동의 수준 제고
소극적 동조자 (높은 동의/ 낮은 신뢰)	신뢰 구축	• 프로젝트에 대한 그들 지지의 가치와 중요성 강조 • 적극적 참여를 강요하지 않음 • 비전 실현에 대한 확고한 의지 표명	• 존재하는 주의 사항 함께 논의/확인 • 프로젝트 진행 사항에 대한 업데이트를 어떻게 해준 수 있는지 의견 요청
중립 (확인할 수 없는 동의/신뢰)	설득, 교육, 참여 기회 제공 후 지지 유도	• 변화 필요성, 비전, 프로젝트 성과에 대한 설명 • 비전, 변화에 대한 그들의 현재 입장, 의견 확인	• 그들로부터 어떤 도움이 필요한지 명확히 설명 • 프로젝트 참여를 염두에 둔 개인적인 초청
적대적 반대자 (낮은 동의/신뢰)	프로젝트에 대한 리스크 최소화	• 이들의 입장, 우려에 대해 정확한 정보를 제공해 줄 수 있는 조직 내 인물 확인 • 변화 필요성, 비전, 프로젝트 성과에 대한 설명 • 프로젝트에 참여하지 않은 경우 영향력 평가 • 요구 사항 없이 프로젝트에 대한 자신의 계획만을 설명하고 미팅을 종료	• 상대방의 입장을 존중하는 방식으로 저항의 근본적 원인을 질문하고 경청 • 현재 존재하는 신뢰 부족을 해결할 수 있는 자신의 기여 방안에 대해 논의 • 변화될 가능성이 없다면 그냥 놓아줄 것: 변화에 대한 압박을 가할 수록 그들은 더욱 자신의 입장을 고수할 것임

를 들어 적대적 반대자에게는 설득보다 먼저 '심리적 안전감'과 '경청'이 중요하며, 무리한 정보 전달은 오히려 방어적 반작용을 불러올 수 있다. 반면, 우호적 반대자는 비판을 수용하며 함께 해결책을 찾는 파트너로 대우할 때 강력한 지지 기반으로 전환될 수 있다. 소극적 동조자는 변화의 방향을 이해하면서도 조직에 대한 불신이 있기에, 행동 기반의 신뢰 회복과 실행 결과의 신뢰성이 무엇보다 중요하다. 절대적 협력자는 변화 메시지의 전달자이자 '내부 챔피언'으로서 활용할 수 있으며, 중립적인 구성원은 정보를 충분히 제공받고 참여의 기회를 제공받을 때 비로소 능동적인 주체로 전환된다.

이처럼 커뮤니케이션은 단지 말을 잘하는 기술이 아니라, 신뢰와 동기 수준을 설계하는 전략이다. '누구에게 말하느냐'에 따라 '어떻게 말해야 하는가'가 달라지고, 같은 메시지도 다르게 해석된다. 효과적인 변화 커뮤니케이션은 바로 이러한 심리적·관계적 거리의 차이를 줄이는 설계를 의미한다. 설득은 결국 설계의 문제이며, 구성원이 자신의 언어로 변화의 메시지를 다시 이야기하게 만들 수 있을 때 비로소 진정한 참여가 가능해진다.

결국 변화의 성공은 조직이 말한 대로 움직이는 것이 아니라, 구성원이 어떻게 듣고, 어떻게 해석하고, 어떻게 주체화했는가에 달려 있다. 참여를 끌어내는 커뮤니케이션은 '전달'이 아니라 '의미의 공유'이며, 전략이 아니라 관계로 완성된다. 바로 이 지점에서 이해관계자별 차별적 커뮤니케이션 전략은 변화관리의 실질적 추진력을 만들어내는 핵심 도구가 된다.

조직 커뮤니케이션의 인지 격차
팀장의 고백

조직의 변화가 현장에서 실제로 실행되기 위해서는 '무엇을 말할 것인가' 못지않게 '누가 말하는가'가 결정적이다. 조직 차원의 메시지는 최고경영자^{CEO}나 변화 리더가 전달하는 것이 중요하지만, 현장의 구성원이 실제로 변화를 받아들이고 움직이게 되는 계기는 자신의 상사, 즉 팀장이 어떻게 말하느냐에 달려 있다. 실제로 미국 제너럴 모터스의 조사에 따르면 83%의 직원이 상사인 팀장을 가장 신뢰할 수 있는 정보 출처로 간주하며, 호주의 데니스 테일러$^{Dennis\ Taylor}$ 연구에서는 무려 96%의 일선 직원이 팀장이 "보통 혹은 진실을 말한다"고 믿는다고 응답했다. 이는 변화 커뮤니케이션의 성패가 하향식 지시나 공식 문서에 달린 것이 아니라, 팀장과 구성원 간의 일상적 소통에 있다는 점을 보여준다.

하지만 문제는, 팀장이 전달했다고 느끼는 메시지와 구성원이 실제로 받아들인 메시지 사이에 커다란 인지 격차가 존재한다는 점이다. 한 팀장은 다음과 같이 말한다. "팀장으로서 나는 변화와 그에 대응하기 위한 계획, 그리고 앞으로 무엇을 어떻게 해야 할지에 대해 명확하게 자주 의사소통했다고 느끼고 있습니다. 그러나 내 팀의 대다수는 제가 말한 변화에 대해 아직도 혼란스러워 하며, 어떤 팀원은 자신들에게 충분한 정보를 제공하지 않았다고 나를 탓하고 있습니다." 이는 변화 커뮤니케이션의 핵심이 '전달'이 아니라 '어떻게 해석되었는가'에 있다는 사실을 분명히 보여준다.

인지 격차는 단지 표현의 문제가 아니다. 변화 상황에서 사람은 스트레스와 불안이라는 감정적 조건에 놓이기 때문에, 정보를 인지하고 처리하는 뇌의 기능이 실제로 저하된다. 관련 연구에 따르면 인간은 감정적으로 불안정한 상태일 때 추론 기능을 담당하는 뇌 영역의 활성도가 떨어지며, 정보 처리 능력이 최대 80%까지 감소한다고 한다. 이 때문에 메시지는 '한 번 명확하게 말했으면 충분하다'는 생각은 위험한 착각이며, 광범위하고 반복적인 커뮤니케이션이 반드시 필요하다.

결국 팀장의 역할은 단순히 정보 전달자가 아니라, 심리적 안전감을 제공하고 해석의 틀을 만들어 주는 의미 설계자에 가깝다. 팀장은 구성원 개개인이 변화를 자기 언어로 해석하고, 그것이 자신의 행동과 연결되도록 반복적으로 설명하고 확인해야 한다. 변화 커뮤니케이션에서 진정 중요한 것은 '내가 말했는가'가 아니라 '상대가 받아들였는가'이며, 바로 이 점에서 팀장은 변화의 최전선에서 신뢰를 설계하는 사람이 된다.

커뮤니케이션 채널과 방식의 전략적 설계

조직 내 변화 커뮤니케이션이 실질적인 참여와 실행을 유도하기 위해서는 단지 '무엇을 말할 것인가'뿐 아니라 '어떻게, 누구를 통해, 어떤 방식으로 말할 것인가'에 대한 전략적 설계가 필수적이다. 메시지를 잘 만들었다고 해도 그것이 적절한 사람을 통해, 적절한 방식으로 전달되지 않는다면 의미는 반감되고, 오히려 오해와 냉소를 불러올 수 있다. 변화의 복잡성이 높아질수록, 커뮤니케이션의 수단과 경로 또한 정교하게 설계되어야 한다.

먼저 커뮤니케이션은 일반적으로 두 가지 축, 즉 형식과 상호작용성에 따라 네 가지로 분류할 수 있다. 형식적인 채널formal에는 전사 공지, 회의, 뉴스레터, 리더 메시지 영상 등이 있으며, 비형식

커뮤니케이션 채널과 활동

Formal

One Direction
- 이메일, 뉴스레터
- 유인물(비전 설명서, 용어 해설집 등)
- 사내 홈페이지 게시
- 타운홀 미팅
- 인트라넷 (Q&A, FAQ 아티클)
- 브로셔

- 인트라넷, 소셜미디어(토론방, 챗룸)
- 부서별 미팅/워크샵
- 구성원 개별 미팅
- 워크샵, 컨퍼런스
- CEO Round Table(경영진 식사 초대 행사)
- 코칭, 멘토링
- Help Desk

Interactive

- 비디오, 웹캐스트
- 프레젠테이션
- 아티팩트(상징물, 포스터, 뱃지, 벽보) 등

- 오픈 스페이스 이벤트
- "CEO에게 묻는다" 미팅
- MBWA(현장 순회 관리)
- 복도, 식당 등에서의 비공식적 대화
- 예기치 않은 방문

Informal

적인 채널informal에는 식사 모임, 소규모 브리핑, 동료 간 대화 등이 포함된다. 또 상호작용이 없는 단방향 채널one-directional과 대화형interactive 채널로 나눌 수 있다. 예컨대 이메일, CEO 브리핑 영상은 단방향 전달에 적합하며, 타운홀 미팅이나 워크숍은 쌍방향 커뮤니케이션에 강점이 있다. 이러한 분류는 단순한 전달 효율을 넘어, 메시지의 정서적 수용성과 행동 유발력을 결정짓는 중요한 요소다.

중요한 점은 이러한 채널 전략이 이해관계자의 그룹별 특성과 심리적 위치에 따라 달라져야 한다는 것이다. 예를 들어, 임원 및 부서장에게는 전략적 방향성과 성과 연계 메시지를 중심으로 공식 회의나 전략 세션이 유효할 수 있으며, 중간관리자나 팀장에게는 실행 메시지를 내재화하도록 돕는 소그룹 리더 브리핑, 관리자 워크숍이 효과적이다. 노조나 노사협의회와는 구조화된 대화 채널, 신뢰 기반의 협상 커뮤니케이션이 필요하며, 전 직원에게는 대화형 플랫폼이나 팀 단위 Q&A와 같은 비공식적인 리더십 접촉면을 통한 반복적 메시지 노출이 효과적일 수 있다.

이미 앞서 분류한 절대적 협력자, 우호적 반대자, 소극적 동조자, 중립, 적대적 반대자와 같은 이해관계자 유형 역시 커뮤니케이션 목적과 접근 전략에 따라 메신저와 채널, 메시지 내용이 달라져야 한다. 예컨대 '적대적 반대자' 그룹에는 최고경영자의 메시지보다는 현장 관리자나 제3자 전문가의 해석과 대화형 채널이 더 효과적일 수 있으며, '우호적 반대자'에게는 심도 있는 정책 설명 자료, 공개 질의응답 세션 등이 효과적이다. 반대로 '절대적 협력자'는 메시지 수용력과 영향력이 높으므로 이들을 '변화 메시지의 내부 전달자ambassador'로 활용하는 것도 전략이다.

궁극적으로 변화 커뮤니케이션은 '전달의 문제'가 아니라 전략

이해관계자 유형	리스트	커뮤니케이션 목적	커뮤니케이션 접근 전략	메신저	커뮤니케이션 채널	핵심 메시지
이해관계자 분석 및 변화 스폰서십 플랜							
절대적 협력자						
우호적 반대자						
소극적 동조자						
중립						
적대적 반대자						

적 설계의 문제다. 변화 스폰서나 최고경영자는 커뮤니케이션의 목적(예: 인식 제고, 태도 변화, 정보 공유, 실행 유도, 성공 축하 등)을 명확히 한 뒤, 대상자별로 가장 적합한 메신저(CEO, 팀장, 동료, 외부 전문가 등), 채널(메일, 회의, 워크숍, 영상 등), 그리고 핵심 메시지를 조합해야 한다. 이때 중요한 것은 '다양한 채널을 혼합적으로 운영'하여 메시지를 반복하고 보강하는 것이며, 특히 메시지의 일관성을 유지하되 형식과 감정의 밀도를 다르게 구성해야 구성원들은 각자의 자리에서 변화의 맥락을 자기 해석으로 받아들일 수 있다.

또한 변화 커뮤니케이션의 전체 흐름을 단계별로 설계하는 것도 중요하다. 초기 단계에서는 변화의 필요성과 방향성에 대한 인식 제고가 중요하며, 중반부에는 실행 메시지와 피드백 채널이, 후반부에는 성과 공유와 지속 강화 메시지가 중심이 되어야 한다. 이 모든 과정에서 핵심은, '말하는 사람'이 신뢰를 주는 사람이어야 하며, '메시지의 양'이 아니라 '해석된 의미의 깊이'가 참여의 촉매가 된다는 점이다.

결국 효과적인 커뮤니케이션은 메시지 자체보다 전달 구조의 설계, 공감 경로의 형성, 그리고 반복을 통해 의미가 심화하는 과정이다. 변화는 말로 설득하는 것이 아니라, 말이 관계 안에서 설득력이 있도록 설계하는 것에서 시작된다.

변화를 성공으로 이끄는 핵심은 전략이나 시스템보다 사람의 내면을 어떻게 움직이게 할 것인가에 있다. 그리고 그 출발점이자 완결점이 바로 커뮤니케이션이며, 그 중심에는 '공감'이 존재해야 한다. 커뮤니케이션은 정보를 전달하는 행위가 아니라, 사람의 심리와 맥락을 이해하고, 관계를 설계하고, 의미를 함께 만들어 가는 여정이다. 진정한 참여는 설득이나 명령이 아니라, 공감에서 비롯된 동기부여를 통해 가능해진다.

조직 변화의 메시지가 구성원에게 도달하더라도, 그들이 받아들이지 않거나 자기 언어로 해석하지 않는다면 변화는 정착되지 않는다. 특히 변화 상황에서는 스트레스와 불확실성으로 인해 정보처리 능력조차 저하되기 때문에, 한 번의 명확한 설명보다 반복되고 감정적 연결이 있는 커뮤니케이션이 필요하다. 이때 메시지를 받아들이게 만드는 핵심은 바로 '내가 이해받고 있다', '내 우려가 고려되고 있다'는 감정적 경험, 즉 공감의 감각이다.

이러한 공감은 일방향 전달이나 형식적 언어로는 만들어지지 않는다. 이해관계자의 심리와 신뢰 수준에 따라 맞춤화된 커뮤니케이션 전략, 적절한 메신저의 선택, 진정성 있는 언어, 반복 가능한 구조, 그리고 비공식적 접점에서의 인간적 교감이 함께 설계되어야 한다. 특히 팀장은 단순한 정보 전달자가 아니라, 공감을 조직 내로 전파하는 핵심 감정 리더이자 의미 해석자가 되어야 한다. 팀장이 구성원의 불안과 혼란을 먼저 공감하고, 그 감정을 기반으로 변화의 방향을 연결할 때, 구성원은 단지 지시를 따르는 존재가 아니라 변화의 공동 설계자로 자리 잡을 수 있다.

변화 커뮤니케이션에서 중요한 것은 '무엇을 말할 것인가'가 아니라, '누구의 시선에서 말하고 있는가'이다. 메시지를 설계할 때 조직은 반드시 묻고 있어야 한다. "이 말을 들을 사람은 지금 어떤 감정 상태에 있는가?", "이 메시지가 그들의 정체성과 동기를 어떻게 건드리는가?" 이러한 질문은 단순한 커뮤니케이션 전략이 아닌, 공감의 기술이자 조직 리더십의 본질이다.

  결국 참여를 끌어내는 커뮤니케이션은 '정보 전달'이 아니라, 공감을 통해 신뢰를 만들고, 신뢰를 통해 의미를 설계하는 일이다. 변화는 말로 시작되지만, 관계와 공감 속에서만 실현된다. 그러므로 조직이 진정으로 고민해야 할 질문은 하나다. "우리는 지금, 구성원의 말에 얼마나 귀 기울이고 있는가?" 바로 이 질문에 대한 태도가 변화의 성패를 가른다.

Key Questions

- 우리 조직의 변화 커뮤니케이션은 구성원의 입장에서 시작되고 있는가, 아니면 조직의 입장에서만 설계되고 있는가?

- 우리는 변화 메시지를 '무엇을 말할 것인가'보다 '누가, 누구에게, 어떤 방식으로 말할 것인가'를 중심으로 설계하고 있는가?

- 지금 내 조직의 리더, 특히 팀장은 구성원에게 공감과 신뢰의 메시지를 일관되게 전달하고 있는가?

- 우리는 구성원이 변화 메시지를 단지 '들은 것'으로 여기지 않고, '자신의 이야기'로 받아들일 수 있도록 반복하고 있는가?

09

변화의 초기 동력을 확보하기 위한 단기 성과는 어떻게 끌어낼 수 있는가?

왜 단기 성과인가?

조직의 변화는 단번에 완성되지 않는다. 특히 구조적 변화나 문화적 전환을 요구하는 변화는 시간이 걸릴 수밖에 없으며, 그 과정에서 구성원들은 피로감을 느끼고 회의적인 태도를 보이기 쉽다. 이때 '단기 성과short-term wins'는 변화 여정의 신뢰를 확보하는 데 핵심적인 역할을 한다. 단기 성과는 구성원들에게 변화가 단지 구호나 문서상의 비전이 아닌, 실제로 조직 안에서 구현되고 있다는 강력한 신호를 보낸다. 이는 리더십에 대한 신뢰를 강화하고, 초기의 불안감을 줄이며, 변화가 가능하다는 학습된 믿음을 만들어낸다. 실제로 매킨지McKinsey의 변화관리 연구에 따르면, 변화 프로젝트의 70%는 첫 6개월 이내에 눈에 띄는 성과를 보여줄 때 성공 확률이 유의하게 높아졌다고 보고된다. 또한 단기 성과는 조직 내 정치적 지지 기반을 확보하는 데도 유용하다. 변화에 회의적인 이해관계자들에게 '이 변화는 효과가 있다'는 설득의 근거를 제공하며, 추가 자원 투입과 제도적 정착을 유도하는 마중물 역할을 수행한다. 결국 단기 성과는 변화의 '증거'이지, 변화 지속을 가능하게 하는 '심리적 연료'인 셈이다.

단기 성과의 개념과 역할

단기 성과short-term wins란 조직이 변화 과정을 추진하는 중에 단기간 내에 도달할 수 있도록 의도적으로 설계된 작고 명확한 성과를 의미한다. 이는 단순한 성과지표 이상의 개념으로, 변화가 올바른 방향으로 가고 있으며 실현 가능하다는 점을 구성원들에게 경험적으로 각인시키는 기능을 가진다. 존 코터는 그의 8단계 변화관리 모델에서 '단기 성과 창출generate short-term wins'을 변화 추진의 전환점으로 제시한 바 있다. 그는 단기 성과가 단지 결과물이 아니라, '신뢰의 축적', '추진력의 확보', '변화 서사의 정당화'를 가능하게 한다고 강조한다. 특히 변화 초기에 가시적인 성과를 보여주는 것은 초기 리더십의 결단을 정당화하고, 구성원 간 불확실성과 저항을 줄이며, 자발적인 몰입을 끌어내는 데 효과적이다. 이러한 단기 성과는 조직의 스토리텔링 구조 안에서 "우리가 할 수 있다"는 확신을 증폭시키며, 리더와 구성원 사이의 심리적 거리도 좁히는 역할을 한다. 즉, 단기 성과는 변화의 실질적 증거이자 감정적·정치적 자산을 축적하는 전략적 장치라고 할 수 있다. 이를 확보하지 못하면, 조직은 쉽게 피로와 냉소에 빠지고, 변화는 '또 하나의 캠페인'으로 전락할 위험이 크다.

단기 성과를 설계할 때 유용한 체크리스트는 다음과 같다. 변화관리팀 또는 과제 실행팀은 과제 착수 전 평가표를 통해 성과 목표의 적절성을 점검하거나, 다수 과제에서 우선순위화가 필요할 경우 활용할 수 있다.

단기 성과 설계 평가표

평가 항목	평가 질문	점수(1~5점)
전략적 정렬성	이 성과는 변화의 비전 및 전략적 방향성과 일관성을 유지하고 있는가?	1 2 3 4 5
가시성과 명료성	구성원들이 직접 확인할 수 있으며, 성과가 명확하게 드러나는가?	1 2 3 4 5
실행 가능성과 속도	30~90일 내 실행이 가능하고, 빠르게 결과로 명확히 연결되는가?	1 2 3 4 5
변화 인과성 확보	해당 성과는 변화 프로젝트 활동의 결과로 명확히 연결되는가?	1 2 3 4 5
정량 정성 성과의 균형	수치적 성과뿐 아니라, 신뢰 몰입 태도 변화 등 정성적 효과도 포함되는가?	1 2 3 4 5
보상 및 인정 설계	성과를 만든 이들이 보상 인정을 받고 있으며, 조직에 긍정적으로 공유되는가?	1 2 3 4 5
스토리화 가능성	해당 성과가 다른 구성원에게도 영감을 주는 이야기로 공유될 수 있는가?	1 2 3 4 5

평가 결과의 활용 방법

점수 구간	해석	조치 제안
29~35점	매우 우수: 단기 성과가 잘 설계되어 있으며, 변화 추진의 확산 기반이 강함	내부 홍보, 사례 공유 등 스토리텔링과 확산 전략에 집중할 것
21~28점	보통: 핵심 요소는 충복하였으나 서례의 일관성 또는 명료성 부족 가능성	낮은 점수 항목 중심으로 집중 점검 및 개선 필요
20점 이하	미흡: 단기 성과 설계의 전략성 또는 실행성이 부족	단기 성과로의 적합성 재검토, 성과 목표와 변화 흐름 재정렬 필요

단기 성과에 대한
인정과 보상

   조직이 변화 프로젝트를 추진할 때, 계획과 실행만큼이나 중요한 요소가 있다. 바로 성과에 대한 인정recognition과 보상reward이다. 특히 변화의 초기 단계에서 나타나는 단기 성과는 변화의 가능성을 보여주는 강력한 증거이자 구성원의 심리적 전환을 유도하는 계기다. 그러나 성과가 아무리 우수하더라도 그것이 제대로 인정받지 못하거나 보상으로 연결되지 않는다면, 구성원은 변화에 냉소적으로 되기 쉽다. 실제 연구에 따르면, 리더로부터의 인정과 정당한 보상은 구성원이 변화에 지속적으로 참여할 확률을 2.5배 이상 높인다McKinsey, 2021. 다시 말해, 단기 성과는 보상과 결합할 때 변화의 추진력을 실질적으로 강화할 수 있는 자산이 된다.

   많은 조직이 보상을 일회적 성과급이나 금전적 인센티브로 협소하게 이해한다. 그러나 변화관리에서 보상은 조직문화, 집단정체성, 리더십 신뢰와 맞물려야 진정한 효과를 낸다. 보상은 '무엇을 성과로 간주할 것인가'를 상징적으로 보여주는 장치이며, 구성원에게 조직이 중요하게 여기는 가치가 무엇인지를 전달하는 메시지이기도 하다. 이러한 인식하에 단기 성과에 대한 보상을 다음의

6가지 유형으로 정리해 볼 수 있다.

분류	정의	실제 사례
심리적 인정	구성원의 노력을 감정적으로 인정하고 피드백 제공	프로젝트 종료 시 리더가 팀원들에게 개별 감사 메시지 전달. 상사가 회의에 공개적으로 언급
상징적, 사회적 보상	조직 내 의미가 부여된 비금전적 인정 및 상징 부여	전사 뉴스레터에 사례 소개, '이 달의 변화 챔피언'으로 임명 등
금전적, 물질적 보상	성과 기반 보너스, 상품권, 유급 휴가 등 실질적 보상	개선안을 통해 KPI 초과 달성한 팀에 인센티브 제공, 성과평가 최상위자에 보너스 부여
성장 기반 보상	학습과 경력 성장 기회 제공	프로젝트 성과가 높은 구성원에게 외부 교육 참가 기회 또는 차기 변화 과제 리더 기회 부여
의미 기반 보상	조직의 비전 가치와 연결된 상징적 인정	'고객 중심 가치 실현' 사례를 조직의 핵심 가치 홍보 콘텐츠로 제작하여 공유
참여 기반 보상	구성원에게 변화 설계 및 실행에 주체적 참여 기회 제공	성과 달성 팀이 차기 변화 과제의 설계 회의에 초대되어 직접 의견 제안 및 결정권 행사

이처럼 단기 성과에 대한 보상은 단순한 사후 처리가 아니라, **변화 자체를 확산시키는 전략적 커뮤니케이션 수단**이다. "이런 행동이 조직에서 인정받는다"는 메시지를 조직 전반에 전달함으로써, 구성원들은 변화에 대해 **심리적 안전성과 동기**를 동시에 느끼게 된다.

실제로 구글, 마이크로소프트, 세일즈포스Salesforce와 같은 기업들은 변화 프로젝트 중 구성원의 노력을 '공식적 스토리'로 만들어

성과의 스토리텔링과 보상 설계를 병행하고 있다. 이는 단기 성과가 '일회성 이벤트'가 아니라 조직의 문화 자산으로 축적되도록 만드는 핵심 전략이다.

단기 성과는 변화의 확신을 심어주는 '조짐^{sign}'이자, 지속 가능한 행동 변화를 이끄는 '불씨'다. 이 불씨를 조직 전체로 확산시키기 위해서는, 적절한 인정과 보상으로 구성원의 경험을 '축하'하고 '공유'하는 의도적 설계가 필요하다. 결국 단기 성과는 보상과 연결될 때, 변화를 진정으로 촉진할 수 있다.

실행 사례
글로벌 바이크 브랜드 X의 현장 실행 사례

변화관리에서 가장 중요한 출발점은, 구성원과 고객 모두에게 '변화가 실제로 효과가 있다'는 확신을 주는 것이다. 이때 단기 성과는 조직 내 신뢰를 형성하고, 다음 단계의 변화를 끌어내는 강력한 추진력이 된다. 특히 고객 경험의 편차가 심한 조직에서는 실질적인 고객 접점 개선을 통한 실행 중심의 변화관리 접근이 매우 효과적이다.

다음은 글로벌 프리미엄 바이크 브랜드 X가 한국 시장에 진출한 이후, 단기간에 고객 응대 품질을 획기적으로 개선한 실행 사례다. 브랜드 X는 한국 진출 1년 만에 전국 주요 도시에 동일한 매장 포맷, 서비스 가이드라인, 설비를 갖춘 직영점을 운영하게 되었다. 그러나 고객 경험 측면에서는 매장 간 편차가 분명하게 드러났다.

최근 내부 고객 설문 조사와 미스터리 쇼퍼 결과에 따르면, 고객 불만의 40% 이상이 '직원의 설명 부족' 또는 '상황에 맞지 않는 응대'에서 발생하고 있었으며, 특히 대구점은 구매 전환율이 타 매장 대비 30% 이상 낮은 것으로 나타났다.

이에 따라 본사는 즉시 개선 가능하며 단기간에 성과를 가시화할 수 있는 개선 과제로 '고객 응대 표준화'를 선정하였다. 목표는 다음과 같았다.

- 2개월 내 고객 응대 만족도(CSAT) 15% 이상 향상
- 구매 전환율 12% 이상 증가
- 서비스 표준 준수율 평균 90% 이상 달성

본사 고객경험팀은 고객 VOC, 상담 녹취 분석, 매장 CCTV 분석, 직원 인터뷰 등을 종합적으로 분석하여 다음의 핵심성공요소 CSF를 도출하였다.

- CSF-1: 제품 설명 정확도
- CSF-2: 시승 안내 및 진행 방식
- CSF-3: 고객 니즈 파악 질문력
- CSF-4: 서비스 플로우 표준화 실행률

본사 고객경험팀은 외부 전문가와 협력하여 세 매장에 대해 진단을 했다. 측정은 체크리스트 기반의 실제 응대 모니터링, 고객 피드백 분석을 통해 이루어졌다. 부산점은 제품 설명력과 서비스 플로우 실행률에서, 서울점은 시승 안내와 니즈 파악 대화력에서 베스트 프랙티스 매장으로 선정되었고, 전반적으로 낮은 평가를 받은 대구점은 모든 항목에서 개선이 필요하다는 결론을 도출하였다.

지점	CSF-1 제품 설명 정확도	CSF-2 시승 안내 및 진행 방식	CSF-3 고객 니즈 파악 질문력	CSF-4 서비스플로우 표준화 실행률
부산점	5점	3점	2점	5점
서울점	4점	5점	5점	4점
대구점	2점	2점	1점	2점

단기 성과 창출을 위한 베스트 프랙티스 수평 전개 계획이 핵심 성공 요소별로 마련되었다. 제품 설명 정확도와 서비스플로우 표준화 실행률은 부산점이, 시승 안내 및 진행 방식과 고객 니즈 파악 질문력은 서울점이 실습과 교육을 제공하기로 하였다. 대구점 직원 4인은 역량별 베스트 프랙티스 매장에서 1일 현장 체험 및 3일 온사이트 코칭 세션을 이수하였다. 온사이트 코칭은 관찰 중심 실습, 롤 플레이 시뮬레이션, 즉석 피드백 코칭의 방식으로 진행되었고, 베스트 프랙티스 매장 직원은 '내부 멘토'로 지정되고, 향후 3개월간 지속적 피드백을 제공하기로 하였다.

현장 체험 및 온사이트 코칭이 이루어진 후 각 CSF별로 실행 가이드는 문서화, 시각화되어 지속 가능한 실행력을 확보하게 되었다. 2개월 후 확인된 프로젝트 성과는 매우 긍정적이었다.

지표	목표	서울점	부산점	대구점
고객 응대 만족도(CSAT)	+15%	+8%	+9%	+20%
구매 전환율	+12%	+10%	+11%	+17%
서비스 표준 준수율	90%	91%	94%	90%

대구점은 모든 핵심 지표에서 비약적인 개선을 이루었고, 서울점과 부산점 역시 코칭 과정에서 자체 역량을 재점검하고 고도화

하는 기회를 갖게 되었다.

　이번 프로젝트를 통해 브랜드 X는 단기 성과가 단순히 빠른 결과를 만들어내는 것이 아니라, 조직 내부의 강점을 실행 가능한 형태로 식별하고 이를 연결할 수 있는 구조를 갖추었을 때 비로소 창출된다는 사실을 깨달았다.

　많은 변화관리 전략이 거시적인 비전과 방향 설정에 집중하지만, 실제로 고객이 체감하는 변화는 구성원의 한마디, 설명 방식, 질문 하나에서 비롯된다. 변화는 '전략'이 아니라 구체적인 행동 단위로 설계되어야 하며, 핵심 성공 요소^{CSF}를 기반으로 한 실행 정의가 그 출발점이 되었다.

　이번 사례에서 특히 주목할 점은 수평적 전파 구조의 효과성이다. 각 매장이 가진 강점을 하나의 롤모델로 만들기보다는, 각각의 핵심 역량 단위로 나누어 피어 코칭과 온사이트 실습 방식으로 전파함으로써, 구성원 간 학습 전이와 몰입도가 자연스럽게 높아졌다.

　'가장 잘하는 동료에게 직접 배우는 구조'는 관리자 주도의 일방적 교육보다 훨씬 빠른 실행력을 만들어냈다.

　또한, 실행된 성과는 문서화되지 않으면 지속될 수 없다는 점도 분명해졌다. 성공적인 행동은 매뉴얼, 질문 가이드, 시나리오, 체크리스트 등의 형태로 시각화되고 표준화되어야만, 일관된 실행과 반복 가능한 학습의 기반이 될 수 있다.

무엇보다도 이번 프로젝트가 시사하는 가장 중요한 교훈은, 조직의 변화는 하나의 이상적인 정답을 따르는 것이 아니라, 다양한 강점이 있는 지점들을 유기적으로 연결하고 확산시키는 구조 속에서 실현된다는 점이다. 이는 하나의 정답을 복제하는 방식이 아니라, 서로 다른 강점을 조직 자산으로 축적하고 공유하는 문화를 만드는 일이기도 하다.

단기 성과는 조직의 전략이 실현 가능한 실행으로 전환되었음을 입증하는 첫 번째 증거다. 구성원은 '이건 해볼 만하다'는 경험을 통해 변화에 동참하게 되고, 고객은 작은 실천 하나에서 달라진 조직의 태도를 체감하게 된다.

변화는 거창한 혁신이 아니라, 그 작은 실천을 구조화하고 나누는 데서 시작된다. 그리고 그것이 가능할 때, 변화는 반복 가능하고 지속 가능한 성과로 이어진다.

Key Questions

- 우리 조직의 변화 프로젝트에서 '가장 잘하는 구성원' 또는 '가장 잘하는 팀'의 구체적 역량은 무엇이며, 그것을 다른 부서나 조직 단위로 어떻게 공유하고 있는가?

- 우리가 설정한 단기 성과는 단지 수치적 목표에 머물러 있는가, 아니면 구성원의 행동과 고객의 체감 경험을 실질적으로 변화시키고 있는가?

- 지금 우리의 변화는 수직적 지시로 진행되고 있는가, 아니면 수평적 학습 구조를 통해 실천과 공유가 일어나고 있는가?

- 우리가 만든 변화의 성과는 문서화되고 있는가? 그리고 그것이 누구에게, 어떤 방식으로 공유되고 있는가?

10

부서 간 장벽을 넘는 협업, 어떻게 촉진하고 유지할 수 있을까?

조직 변화에서 왜 부문 간 협력이 중요한가?

조직이 변화를 시도할 때, 그것은 어느 한 부서의 노력만으로는 이뤄질 수 없다. 디지털 전환, 고객 중심 경영, ESG 도입 등 대부분의 변화는 다양한 부서의 역할이 맞물려야 추진된다. 하지만 실제 현장에서는 각 부서가 고유의 목표와 과제에만 집중하면서 다른 부서와의 연계가 느슨하거나 단절되는 경우가 많다. 변화가 계획대로 실행되지 못하고 기대 이하의 성과에 머무는 데에는 이러한 부문 간 협력의 부재가 주요 원인으로 작용한다.

변화가 성공하려면 조직의 다양한 기능들이 서로 정렬되어 같은 방향으로 움직여야 한다. 그러나 부서마다 다른 성과지표, 업무 방식, 커뮤니케이션 언어를 사용하고 있는 것이 현실이다. 협업은 자발적으로 이뤄지기보다는, 종종 부가적인 부담이나 갈등의 원인으로 인식되기도 한다. 그 결과, 변화는 선언되었지만 실질적인 실행 단계에서는 기존 관행이 반복되며, 변화의 효과는 제한된다.

특히 특정 부서가 주도하고 다른 부서는 소외되는 방식의 변화는 조직 내 긴장과 거리감을 유발한다. 변화는 시스템이나 구소의 조정에 그치지 않고, 구성원들의 업무 방식과 정체성에도 영향을 미친다. 이때 타 부서와의 연결은 변화의 불확실성과 불안을 줄여주며, 함께 움직이고 있다는 심리적 안정감을 제공한다. 구성원들은 "나만 바뀌는 게 아니라, 모두가 함께 변화하고 있다"는 믿음을 가질 때, 비로소 변화에 적극적으로 참여하게 된다.

그렇기에 협력은 우연에 맡길 것이 아니라 의도적으로 설계해야 한다. 예컨대, 공동 KPI를 설정하면 협력의 필요성이 성과와 직접 연결되면서 구체적인 실행 동기가 생긴다. 프로젝트 단위의 크로스펑셔널 팀은 사일로를 허무는 데 효과적이며, 공식 회의 외에도 자유로운 의견 교환이 가능한 소통 채널이 함께 마련되어야 한다. 또한 리더는 협업을 방해하는 구조적 장벽을 제거하고, 타 부서의 관점을 존중하며 통합하는 촉진자 역할을 수행해야 한다. 공감에 기반한 리더십은 협업을 단순한 역할 분담이 아닌 공동의 목표를 함께 실현하는 과정으로 인식하게 만든다.

결국 변화는 더 이상 특정 부서의 독립적인 수행이 아니라, 조직 전체의 연결된 실행으로 이뤄져야 한다. 설계는 아무리 정교해도 실행이 따르지 않으면 의미가 없고, 실행의 핵심은 협력에 있다. 변화의 성공 여부는 "각 부서가 무엇을 할 것인가"보다 "우리는 어떻게 함께 움직일 것인가"에 달려 있다.

현재 우리 조직의 부문 간 협력 수준은 어떤가?

부문 간 협력이 조직 변화의 핵심 동력임에도 불구하고, 많은 조직은 "우리 조직은 협력이 잘 안돼"라는 막연한 문제 인식에 머문다. 문제 해결의 출발점은 현재 협력 수준을 객관적으로 진단하고, 협력을 막는 요인을 명확히 파악하는 것이다.

협력에 대한 인식은 개인마다 다르므로, 단편적 경험이나 주관적 판단을 넘어 정성적 관찰과 정량적 설문조사를 병행하는 진단이 필요하다.

- **정성적 관찰**: 회의문화, 상호작용, 정보 흐름 등의 행동 패턴과 분위기를 직접 관찰하거나 인터뷰로 파악한다.
- **정량적 설문조사**: 협력을 세부 항목으로 분해해 수치화된 평가를 진행한다. 예를 들어 '의사소통의 명확성', '응답의 적시성', '상호 존중 수준' 등의 항목으로 구성한다.

일상 업무에서의 관찰 및 질적 평가 문항 예시

- **정보 공유**: 중요한 정보가 부서 간에 얼마나 투명하고 시기적절하게 공유되고 있는가? 특정 부서나 개인에게 정보가 집중되거나 단절되는 현상은 없는가?
- **공동 목표 추진**: 부서 공동의 목표를 설정하고 이를 달성하기 위해 함께 노력한 경험이 있는가? 있다면 그 과정과 결과는 어떠했는가?
- **회의문화**: 부서 간 회의는 생산적인가, 아니면 책임 공방이나 형식적인 자리로 그치는가? 의사결정은 합리적으로 이루어지

는가?

- **갈등 해결 방식**: 부서 간 갈등이나 의견 충돌 발생 시, 이를 회피하거나 감정적으로 대립하기보다 건설적인 해결책을 찾으려 노력하는가?
- **상호작용의 질**: 타 부서 요청에 대한 응답 속도나 적극성은 어떠한가? 서로의 전문성을 존중하고 배우려는 자세가 있는가?

정량적 진단 문항 예시

1. 정보 공유 및 투명성

① 나는 업무 수행에 필요한 정보를 다른 부서로부터 시기적절하게 제공받고 있다.

② 우리 부서는 다른 부서의 업무에 도움이 될 수 있는 정보를 적극적으로 공유하고 있다.

③ 부서 간 정보 공유를 위한 효과적인 시스템이나 프로세스가 잘 갖추어져 있다고 생각한다.

④ 우리 조직의 중요한 의사결정 과정과 그 결과는 관련 부서에 투명하게 공유된다.

⑤ 나는 타 부서의 주요 업무 진행 상황에 대해 충분히 인지하고 있다.

2. 의사소통
① 다른 부서와의 의사소통은 명확하고 효과적으로 이루어진다.
② 다른 부서와의 회의는 생산적이며, 문제 해결에 실질적인 도움이 된다.
③ 나는 다른 부서 구성원에게 내 의견이나 우려 사항을 솔직하고 건설적으로 전달할 수 있다.
④ 우리 조직에는 부서 간 공식적인 소통 채널(예: 정기 회의, 협의체)이 잘 운영되고 있다.
⑤ 부서 간 비공식적인 소통도 활발하게 이루어지는 편이다.

3. 공동 목표 및 이해
① 우리 조직의 전사적인 목표와 전략에 대해 다른 부서와 공유된 이해가 있다.
② 나는 다른 부서의 주요 목표와 우선순위를 잘 이해하고 있다.
③ 우리 부서의 목표는 다른 부서의 목표와 연계되어 시너지를 창출한다고 생각한다.

④ 다른 부서의 업무 방식이나 고충에 대해 이해하려는 노력이 조직 내에 존재한다.
⑤ 새로운 프로젝트나 과제를 시작할 때, 관련 부서 간 목표 합의 과정이 충분히 이루어진다.

4. 상호 지원 및 협조

① 다른 부서는 우리 부서의 업무 요청이나 지원 필요에 신속하고 협조적으로 대응한다.
② 우리 부서는 다른 부서의 업무 요청이나 지원 필요에 신속하고 협조적으로 대응한다.
③ 여러 부서가 관련된 공동의 문제가 발생했을 때, 함께 해결하려는 노력이 이루어진다.
④ 다른 부서의 성공을 함께 기뻐하고, 어려움을 겪을 때 도움을 주려는 분위기가 있다.
⑤ 협업 과정에서 필요한 자원(인력, 예산, 시간 등)은 부서 간에 합리적으로 배분된다.

5. 역할 및 책임 명확성

① 여러 부서가 함께 일할 때, 각 부서의 역할과 책임R&R이 명확하

게 정의된다.

② 공동으로 추진하는 업무의 결과에 대해 부서 간 책임 소재가 분명하다.

③ 업무상 역할이나 책임이 불분명하여 혼선이 발생하는 경우는 거의 없다.

6. 갈등 관리

① 부서 간 의견 충돌이나 갈등이 발생했을 때, 이를 건설적으로 해결하려는 노력이 이루어진다.

② 부서 간 갈등을 해결하기 위한 효과적인 절차나 방식이 마련되어 있다.

③ 갈등 상황에서 감정적인 대응보다는 문제의 본질에 집중하여 해결책을 찾으려 한다.

7. 리더십 지원 및 협력적 분위기 조성

① 우리 조직의 리더(경영진, 부서장)는 부서 간 협력을 적극적으로 장려하고 지원한다.

② 리더들은 부서 간 협력의 중요성을 강조하며, 이를 위한 자원(시간, 예산 등)을 제공한다.

③ 리더들은 부서 간 갈등 발생 시 적극적으로 중재하고 해결을 돕는다.
④ 우리 조직의 성과 평가 및 보상 시스템은 부서 간 협력을 장려하는 방향으로 설계되어 있다.
⑤ 우리 조직의 업무 프로세스는 부서 간 협력을 쉽게 하도록 설계되어 있다.

8. 전반적인 협력 수준
① 전반적으로 우리 조직의 부서 간 협력은 잘 이루어지고 있다고 생각한다.
② 우리 조직은 부서 간 협력을 통해 더 나은 성과를 창출하고 있다.
③ 나는 현재 우리 조직의 부서 간 협력 수준에 만족한다.

주관식 문항

- 우리 조직에서 부서 간 협력을 저해하는 가장 큰 요인 2~3가지는 무엇이라고 생각하십니까?
- 부서 간 협력을 증진하기 위해 가장 시급하게 개선되어야 할 점

은 무엇이라고 생각하십니까?
- 부서 간 협력이 성공적으로 이루어졌던 좋은 사례가 있다면 간략히 설명해 주십시오.

특정 부서 간 협력 진단 시 위 정량 평가 문항에서 "다른 부서"라는 표현 대신 "○○○부서"와 같이 특정 부서명을 명시하여 설문을 진행할 수 있다. 예를 들어, "나는 ○○○부서로부터 업무 수행에 필요한 정보를 시기적절하게 제공받고 있다"와 같이 수정한다.

질적 관찰은 현장의 생생한 목소리와 실제 사례를 통해 문제의 본질에 접근하고, 개선을 위한 아이디어를 직접적으로 얻을 수 있는 장점이 있다. 반면에, 정량 설문조사는 수치화된 결과를 통해 문제의 심각성이나 우선순위를 정하고, 개선 활동 후의 변화를 추적 관리하는 데 유용하다. 또한, 더 넓은 범위의 구성원들로부터 일반화된 경향성을 파악할 수 있다. 설문의 범주들은 문제 해결을 위한 구체적인 행동 지침이나 개선 영역을 도출하는 데 도움이 되도록 설계된다. 예를 들어, '회의문화'가 안 좋다는 질적 평가 결과는 설문에서 '의사소통의 비효율성', '상호 존중 부족', '목표 공유 미흡' 등 어떤 구체적인 문제 때문인지 세부적으로 파악할 수 있게 해준다.

  질적 평가는 '나무' 하나하나의 상태와 주변 환경을 살피는 것이라면, 정량 평가는 '숲' 전체의 건강 상태와 주요 지표들을 측정하는 것에 비유할 수 있다. 두 가지 접근 방식을 상호 보완적으로 활용할 때 더욱 정확하고 깊이 있는 진단이 가능해진다.

부문 간 협력은 왜 실패하는가?

  조직이 변화를 추진할 때, 부문 간 협력은 성공의 필수조건처럼 언급된다. "부서 간 시너지를 내자", "사일로를 없애자"는 구호는 전략 보고서나 리더 메시지에서 반복되지만, 정작 실행 현장에서는 협력이 지지부진하거나 형식에 그치는 경우가 많다. 이는 단지 사람 간의 '의사소통 부족' 문제가 아니다. 실제로 협력이 어려운 이유는 조직 내부에 작동하는 **복합적인 장애 요인들**에 있으며, 이들은 조직 구조, 프로세스, 문화, 리더십 전반에 걸쳐 서로 영향을 주고받는다. 이 글은 부문 간 협력의 실패를 초래하는 네 가지 주요 요인을 분석하고, 그 각각의 작동 방식과 조직 내 구체적 사례를 통해 협력의 실체를 진단해 본다.

1. 구조적 요인: 협력이 불리한 방식으로 설계된 조직

조직 구조가 지나치게 기능 중심적일 경우, 각 부서는 자신의 영역에서만 성과를 추구하게 된다. 특히 성과평가시스템이 개인 또는 부서 단위의 목표 달성에 집중되어 있으면, 타 부서와의 협력은 비용이나 리스크로 간주한다. 마케팅 부서가 고객 반응을 바탕으로 신제품 캠페인을 기획하고 싶어도, R&D나 품질 부서가 이를 '비계획적 요청'으로 판단해 거부하는 상황은 대표적이다. 또한 KPI가 부서별로 따로 설정되어 있고, 공동 성과에 대한 보상이 불분명하다면, 협업은 애초부터 설계되지 않은 것이나 다름없다. 여기에 부서 이기주의가 강화되면, 부문 간 연계는 시스템적으로 차단된다.

> [예] 한 글로벌 소비재 기업은 '고객 경험 개선 TF'를 운영했으나, 고객센터와 물류 부서 간 협력 지표가 전혀 반영되지 않아 실행에 실패했다. 물류팀은 자체 KPI인 '배송 정확도'만 중시했고, 고객 피드백 개선은 '남의 일'이었다.

2. 프로세스 요인: 함께 일하기에 불편한 업무 방식

협력이 어렵다는 구성원의 말 속에는 종종 비효율적 프로세스와 애매한 역할 정의가 숨겨져 있다. 협업이 필요할 때 어떤 절차로 요청하고 승인받아야 하는지, 누가 최종 책임자인지 불분명한 경우, 실무자들은 책임 회피를 선택하거나 '지시만 기다리는' 상태에 머물게 된다. 또한 협력에 필요한 정보가 쉽게 전달되지 않거나, 각 부서가 사용하는 시스템이 달라 연계할 수 없는 경우 협업은 늘 긴장과 불만 속에서 이루어진다. 프로세스가 잘못 설계되어 있으면 협력은 지속 가능한 활동이 아니라 '문제가 생겼을 때 억지로 하는 일'이 된다.

> 예 한 제조업체의 제품 리뉴얼 프로젝트에서, 마케팅팀은 고객 인사이트를 공유했지만 R&D팀은 사전에 정의된 기술 스펙 외 요청을 수용할 수 없다는 입장이었다. 명확한 R&R과 프로세스 조율 없이 시작된 협업은 결국 갈등과 불신으로 끝났다.

3. 문화적 요인: 보이지 않는 심리적 장벽

협력의 본질은 '기술적 연결'이 아니라 '관계적 신뢰'다. 하지만 부서 간에는 종종 낮은 신뢰 수준, 과거 부정적 경험, 소통 부재가 뿌리처럼 존재한다. 과거 협업에서 일방적으로 책임을 떠안았던 경험, 공을 빼앗긴 기억, 불합리한 피드백 등은 구성원들이 타 부서를 '경계 대상'으로 인식하게 만든다. 이때 협업은 요청이 아닌 요구로 받아들여지고, 사전 공유보다 사후 방어가 우선시된다. 특히 심리적 안전감이 결여된 조직에서는 구성원들이 질문하거나 의견을 내는 것 자체를 꺼리게 되며, 협업은 형식적으로만 존재한다.

> [예] 한 IT 기업에서는 회의 중 마케팅팀이 고객 피드백을 공유하자, 기술팀이 "그건 니네가 알아서 해"라는 반응을 보였다. 이후 마케팅팀은 프로젝트 회의에서 기술팀을 피하고, 문서만 전달하는 방식으로 협업을 최소화했다.

4. 리더십 요인: 협력을 방치하거나 오히려 가로막는 리더

부문 간 협력의 분위기는 리더의 언행에 결정적인 영향을 받는다. 리더가 협력의 중요성을 말로는 강조하지만, 실제로는 자기 부서의 이해관계만 우선시하거나, 일관되지 않은 메시지를 전달할 경우, 협업은 방해받는다. 더 나아가 일부 리더는 조직 내 경쟁을 유도하며 타 부서와의 비교를 통해 구성원의 성과를 압박하기도 한다. 이는 협력을 '경쟁의 수단'으로 왜곡시키고, 구성원들은 타 부서와의 정보 공유를 오히려 기피하게 된다. 리더십이 협력의 환경을 조성하기보다 방치하거나 긴장을 조장한다면, 조직의 협업 역량은 구조적 수준에서 훼손된다.

> [예] 한 유통 기업의 영업본부장은 "우리는 물류보다 더 빠르게 움직여야 한다"며 경쟁적 메시지를 반복했다. 그 결과 영업팀은 물류팀과의 협업을 부담스럽고 비효율적인 일로 인식하게 되었고, 결국 서비스 전환 속도가 현저히 떨어졌다.

협력은 더 이상 '잘해보자'는 캠페인이 아니라, 조직 설계와 리더십, 업무 시스템, 심리적 기반까지 모두 관여하는 복합적 운영 과제다. 부문 간 협력이 잘 안되는 이유는 한 가지가 아니라, 구조,

프로세스, 문화, 리더십이 동시에 영향을 미치기 때문이다. 따라서 협력을 개선하려면 '누가 협력하지 않는가'를 묻기보다, '왜 협력이 어렵게 설계되어 있는가'를 먼저 진단해야 한다. 그래야만 조직은 일회성 협업을 넘어서, 지속 가능한 집단 실행 역량으로 진화할 수 있다.

이제 조직에 필요한 질문은 이것이다. "당신의 조직은 협력이 잘 되는 구조와 문화를 갖추고 있는가? 아니면, 협력이 실패하도록 설계되어 있는가?"

부문 간 협력 속신의 실제 사례

글로벌 화장품 브랜드인 L사는 최근 브랜드별로 분산되어 있던 마케팅 기능을 '360도 마케터' 체계로 통합하고, 외부 에이전시에 아웃소싱하던 온라인 및 데이터 마케팅 기능을 내부 DCM$^{Digital\ Communication\ \&\ Marketing}$ 조직으로 전환하였다. 이 때문에 브랜드 부문과 DCM 부문 간의 협업 방식에 대한 근본적인 재정립이 필요하게 되었다.

이에 따라 L사는 외부 컨설팅사의 도움을 받아 오픈 스페이스 기술Open Space Technology이 적용된 월드 카페World Café 방식의 워크숍을 추진하였다. 이 접근 방식은 참여자의 주도성과 자율성, 창의적 아이디어를 끌어내는 데 매우 효과적이었다. 특히 월드 카페는 긍정 탐구Appreciative Inquiry, AI 워크숍에서 활용되는 구조화된 토론 방법으로, 4~5명씩 소그룹을 이루어 핵심 질문을 중심으로 토론하고, 테이블 호스트만 남기고 나머지 참가자들이 다른 테이블로 순환 이동하며 아이디어를 연결하고 확장해 나가는 대화 중심의 집단 토론 방식이다. 이번 워크숍은 협업의 구조 → 운영 → 문화로 이어지는 3단계 흐름으로 설계되었으며, 각 라운드는 다음과 같은 내용으로 구성되었다.

	Round 1	Round 2	Round 3
주제	협업 프로세스 최적화	효과적인 커뮤니케이션 체계 구축	부문 간 협업 문화 조성
핵심 질문	브랜드 부문과 DCM 부문 간의 업무 흐름과 프로세스를 어떻게 효율적으로 설계하고 운영할 것인가?	두 부문 간 원활한 정보 흐름과 효과적인 의사소통을 어떻게 보장할 것인가?	두 부문 간 신뢰와 상호 존중에 기반한 지속 가능한 협업 문화를 어떻게 구축할 것인가?
목표	• 브랜드-DCM 간 업무 흐름 및 협업 구조 진단 • 브랜드-DCM 간 종단적 업무 흐름(end-to-end) 도출 • 협업의 병목, 중복, 누락 요소를 파악하고 개선안 도출	• 커뮤니케이션 채널의 유형과 효과성 평가 • 정보 단절 원인 진단 및 개선안 설계	• 협업에 영향을 미치는 심리적, 문화적 요인 탐색 • 관계 기반 협업 원칙 도출

활동	• 협업 밸런스 시트 작성 • 시나리오 기반 협업 시뮬레이션 • 문제점 및 재설계안 그룹 토론	• 커뮤니케이션 채널 매트릭스 작성 • 채널별 오해 사례, 성공 사례 공유 • 이상적 커뮤니케이션 설계 토론	• 신뢰 손상 경험 공유 (익명 카드 활용) • 이상적 협업 행동 정의(행동 카드 활용) • 공동 행동 헌장 CoC 작성
결과물	• 부문별 협업 밸런스 시트 개선안 • 병목 지점 Flow Map • 협업 프로세스 재설계안	• 브랜드–DCM 간 커뮤니케이션 채널 매트릭스 • 채널 유형별 개선 제안 • 공감 기반 커뮤니케이션 원칙	• 브랜드–DCM 간 협업 행동 헌장 초안 (CoC) • 협업에 방해되는 '금기 행동 리스트' • 신뢰 촉진 액션 플랜

특히 Round 1에서 활용된 협업 밸런스 시트 Collaboration Balance Sheet 분석 기법은 저자가 피기 대기업의 영업-마케팅 협업 체계 구축 프로젝트에서 개발한 도구로, 그 유용성이 이미 검증되었다. 이 기법은 다음과 같은 절차로 진행된다.

- 각 부서가 상대 부서에 제공하는 것, 제공받는 것, 그리고 향후 제공하길 원하는 것, 받고자 하는 것을 구분하여 기술
- 항목별로 제공 시기, 중요도(상/중/하), 만족도(매우 만족~개선 필요) 등을 함께 작성하여 정량적 비교 및 시각적 진단이 가능

이 분석은 부서 간 기대-현실 간의 격차, 병목 지점, 중복되거나

브랜드 부문이 DCM에 제공하는 것	브랜드 부문이 DCM으로부터 받는 것
브랜드 메시지와 시즌별 캠페인 컨셉 제공 시기: 분기별 시즌 시작 8주 전 중요도: 상	디지털 캠페인 성과 분석 리포트 수신 시기: 월별 중요도: 상 / 만족도: 개선 필요
제품 출시 일정 및 핵심 마케팅 메시지 제공 시기: 출시 12주 전 중요도: 상	소셜 미디어 인사이트 및 트렌드 분석 수신 시기: 격주 중요도: 중 / 만족도: 매우 부족
글로벌 및 지역 광고 크리에이티브 자산 제공 시기: 캠페인 시작 4주 전 중요도: 중	이커머스 채널별 판매 성과 데이터 수신시기: 주간 중요도: 중 / 만족도: 충분함

브랜드 부문이 향후 DCM에 제공하길 원하는 것	브랜드 부문이 향후 DCM으로부터 받길 원하는 것
구체적인 고객 페르소나 및 타겟 고객 프로필 제공 희망 시기: 분기별 업데이트 중요도: 상	고객 여정 분석 및 디지털 터치 포인트 효과 측정 희망 수신 시기: 월별 중요도: 상
경쟁사 오프라인 마케팅 활동 정보 및 분석 제공 시기: 월별 중요도: 중	경쟁사 디지털 전략 및 벤치마킹 보고서 희망 수신 시기: 분기별 중요도: 중
리테일 채널에서의 고객 피드백 및 제품 반응 제공 시기: 실시간에 가깝게 중요도: 상	AI 기반 고객 인사이트 및 예측 트렌드 분석 희망 수신 시기: 월별 중요도: 상

협업 밸런스 시트 작성 예시

DCM 부문이 브랜드로부터 받는 것	DCM 부문이 브랜드에 제공하는 것
브랜드 컨셉 및 핵심 메시지 수신 시기: 분기별 중요도: 상 / 만족도: 개선 필요	디지털 캠페인 성과 측정 미분석 보고서 제공 시기: 월별 중요도: 상
제품 상세 정보 및 USP 제공 시기: 출시 6주 전 중요도: 상 / 만족도: 매우 부족	온라인 고객 행동 데이터 및 인사이트 제공 시기: 격주 중요도: 중
DCM 부문이 향후 브랜드로부터 받길 원하는 것	**DCM 부문이 향후 브랜드에 제공하길 원하는 것**
제품 기획 초기 단계부터의 협업 및 인사이트 공유 희망 수신 시기:출시 최소 6개월 전 중요도: 상	실시간 고객 데이터 기반 개인화 마케팅 전략 제공 희망 시기: 주간 중요도: 상
글로벌 마케팅 전략 의사결정 참여 희망 수신 시기: 정기적 전략 회의 중요도: 상	통합 옴니 채널 고객 여정 설계 및 최적화 제공 희망 시기: 분기별 중요도: 상

협업 밸런스 시트 작성 예시

누락된 업무를 구조적으로 파악하여, 협업 프로세스의 실질적 개선으로 이어질 수 있게 해준다.

두 부문 간의 협업 촉진을 위한 워크숍 설계는 협업 문제의 핵심을 잘 짚었고, 각 라운드는 협업 프로세스는 협업 밸런스 시트, 부문 간 커뮤니케이션은 커뮤니케이션 채널 매트릭스, 협업 문화는 CoC 시안 도출로 각 라운드에서 도구 사용 또한 적절하였다. 마지막 세션에서는 각 라운드에서 도출된 결과물을 전체 통합 인사이트로 발표하고, 부문 간 실천 다짐을 공유하는 시간을 가짐으로써 워크숍의 몰입도와 감동을 극대화하였다.

워크숍 이후, 브랜드 부문과 DCM 부문은 <u>공동으로 업무 프로세스를 정리하고 공식화하는 작업</u>을 진행하였다. 이 과정에서 양 부문은 단순히 협의만 하는 기능 부서의 역할을 넘어, <u>함께 실행하는 공동 책임 주체</u>로 전환하기 위해, '<u>기능 중심</u>'의 방식에서 벗어나 '<u>프로세스 중심</u>'의 실행 체계로 바꾸는 것을 목표로 한 <u>KPI 개발 워킹 그룹</u>도 운영하였다.

Key Questions

- 우리 조직의 부문 간 협력 시스템은 '의도된 설계'에 기반하고 있는가, 아니면 '관행의 결과'로 흘러가고 있는가?

- 각 부서가 '독립된 목표'를 향해 움직이도록 설계된 조직인가, '공동의 성과'를 위해 조율되도록 설계된 조직인가?

- 리더들은 협업을 '장려'하는가, '가능하게' 만드는가?

- 구성원들은 타 부서와의 협력을 '신뢰 기반의 상호작용'으로 경험하고 있는가?

11

어떻게 변화를 지속할 것인가?

 조직에서의 변화는 단순히 '성공했다', '실패했다'는 식으로 단정 지을 수 있는 결과물이 아니다. 변화는 하나의 정적인 이벤트가 아니라, 끊임없이 진화하고 움직이는 유기체에 가깝다. 단 한 번의 실행이나 선언으로 완결되는 것이 아니며, 그 효과 역시 시간이 지나면서 계속 확인하고 관리해야 할 대상이다.

 많은 조직이 변화의 시작에는 큰 에너지를 쏟는다. 대대적인 캠페인, 상징적인 선포식, 감동적인 영상을 통해 구성원들의 관심을 끌어올린다. 하지만 정작 중요한 것은 그 이후다. 그렇게 시작된 변화가 시간이 지난 뒤에도 여전히 유효한지, 구성원들의 행동과 관점에 어떤 영향을 미쳤는지, 그리고 지속적으로 유지되고 있는지를 우리는 자주 놓친다. 변화는 측정 가능해야 하며, 동시에 지속 가능해야만 진정한 의미를 지닌다고 말할 수 있다.

먼저 던져야 할 질문은 "우리는 무엇을 성과라고 부를 것인가?"이다. 변화 프로젝트를 시작하는 많은 조직이 '성과 측정은 나중에 해도 된다'는 태도를 보인다. '일단 시작해 보자', '바꿔보자'는 의지는 물론 중요하다. 그러나 성과 없이 실행만 존재하는 변화는 흔적도 없이 사라지기 쉽다. 예를 들어 조직문화 개선이라는 프로젝트를 기획한다면, 회의문화, 피드백 구조, 의사결정 방식 등 어떤 항목을 어떤 수준으로 바꾸려는 것인지, 그리고 그 변화가 구성원에게 어떤 체감으로 다가와야 성공이라고 할 수 있는지에 대해 사전에 명확히 정의할 필요가 있다.

전통적인 KPI(핵심성과지표)만으로는 충분하지 않다. 수치로 측정되는 생산성, 효율성, 비용 절감, 매출 증가는 변화의 일부일 뿐이다. 회의 시간이 줄었다고 해서 반드시 좋은 회의가 되었다고 말할 수는 없다. 중요한 것은 그 시간 안에 어떤 대화가 오갔는지, 구성원들의 참여는 어땠는지, 피드백이 어떻게 오고 갔는지, 그리고 그 회의가 실제 실행으로 이어졌는지이다. 이런 정성적 요소를 포함한 평가가 필요하다.

최근 주목받는 개념 중 하나가 'Change KPI'이다. 참여율, 몰입도, 심리적 안전감, 협업의 밀도, 제안 실행률 등은 수치보다 체감과 분위기, 행동의 변화를 반영하는 지표들이다. 이런 지표는 "우리 조직이 정말로 변했는가?", "구성원이 그것을 느끼고 있는가?"를 가늠하게 해준다. 설문조사, FGI(포커스 그룹 인터뷰), 익명 인터뷰 등 다양한 방식으로 구성원의 목소리를 듣는 것이 중요하며, 여기서 단순한 만족도보다는 "이 변화가 내 일과 성장에 어떤 영향을 주었는가?"를 질문해야 한다.

그렇다면 측정 이후에는 어떻게 해야 할까. 측정만으로는 변화가 지속되지 않는다. 변화의 지속성은 조직의 기억력에서 시작된다. 많은 조직이 초기 변화에는 성공했지만, 시간이 지나면서 그 의미가 희미해지고, 결국 원래의 상태로 회귀하곤 한다. 구성원이 바뀌고 리더가 바뀌고, 프로젝트가 끝나면 그간의 과정과 의미가 조직 안에서 흐려지기 때문이다.

이를 방지하기 위해서는 '변화 백서' 혹은 '변화 저널' 같은 형태의 아카이빙이 필요하다. 언제, 왜, 어떻게 변화를 시작했고, 어떤 난관을 겪었으며, 무엇을 얻었는지를 기록해 두어야 한다. 이러한 기록은 사내 인트라넷이나 공유 폴더에 보관하고, 정기적으로 구성원과 공유해야 한다. 신규 입사자의 오리엔테이션 과정에도 포함해야 하며, 가능하다면 당시 변화에 참여했던 구성원의 인터뷰 영상도 함께 제공하면 그 효과는 더욱 크다. 변화는 콘텐츠로 남겨질 때 비로소 다음 세대로 이어질 수 있다.

변화가 생활 속에 정착되기 위해서는 리추얼ritual의 힘이 필요하다. 회고 미팅, 팀 학습 공유, 피어 피드백, 10분 브리핑과 같은 활동이 반복될 때, 변화는 더 이상 특별한 일이 아니라 조직의 일상이 된다. 리추얼은 단순히 반복하는 것을 넘어서 행동의 틀을 형성하며, 조직의 문화와 정체성을 형성하는 데 중요한 역할을 한다. 단기적 이벤트보다 꾸준히 반복되는 루틴이 훨씬 강한 영향을 미친다는 것은 수많은 조직 변화 사례에서 증명되고 있다.

여기서 리더의 역할은 더욱 중요하다. 리더는 변화의 가장 강력한 상징이자 지속성의 조건이다. 리더가 말하는 것, 행동하는 방식, 회의에서의 태도, 피드백의 언어는 모두 구성원에게 변화의 메시지를 전달하는 매개체가 된다. 리더가 중간에 손을 놓으면 구성원은 이렇게 해석한다. "이건 그냥 잠깐 하다 말려는 거였구나." 반면 리더가 끝까지 반복해서 강조하고, 솔선수범하며, 일관된 태도를 보인다면 구성원은 이렇게 느낀다. "정말로 바뀌는구나." 이처럼 리더는 변화의 지속성에 있어 가장 중요한 변수이다.

보상 체계 또한 무시할 수 없다. 변화에 기여한 구성원이 긍정적인 피드백을 받고, 승진이나 학습 기회와 같은 실질적인 보상을 받는다면, 그 변화는 더 많은 사람에게 동기를 줄 수 있다. 반면 아무리 참여해도 보상이 없다면, 혹은 참여하지 않아도 아무 문제가 없다면, 변화의 에너지는 급격히 식게 된다. 이제는 단기 성과 중심의 보상을 넘어서, '변화를 만들어 가는 사람'을 인정하는 문화가 필요하다. 이는 조직이 어떤 가치를 우선시하는지, 어떤 행동을 높이 평가하는지를 구성원에게 명확하게 전달해 준다.

마지막으로 강조하고 싶은 점은, 변화는 또 다른 변화를 불러오는 시작점이 되어야 한다는 것이다. 변화는 결코 한 번으로 끝나지 않는다. 오히려 하나의 변화가 다음 변화로 자연스럽게 이어져야 조직은 성장할 수 있다. 그러기 위해서는 구성원들이 질문하는 힘을 갖는 것이 중요하다. "지금 이 방식이 최선일까?", "우리는 더 나아질 수 있을까?", "다른 팀은 어떻게 하고 있을까?"와 같은 질문이 조직 안에서 끊임없이 제기되어야 변화는 살아 움직일 수 있다.

이러한 문화는 정기적인 워크숍, 문제 해결 챌린지, 구성원 제안 제도 등을 통해 구축할 수 있다. 조직 내부에 질문이 흐르는 시스템이 있다면, 변화는 자연스럽게 이어지고 확장된다. 변화는 단발성 캠페인이 아니라, 일하는 방식과 조직의 태도에 내재화되어야 한다.

결국, 변화의 성과란 단 한 시점의 결과로 끝나는 것이 아니다. 그것은 끊임없는 성찰과 보완, 그리고 다음 단계를 위한 에너지로 재생산되어야 한다. 변화가 우리를 어떻게 바꾸었는지, 그리고 지금 우리는 무엇을 다시 바꿔야 하는지를 묻는 태도야말로, 변화의 지속 가능성을 결정짓는 열쇠이다.

지금 우리가 해야 할 일은 하나이다. '변화'를 기억하고, 유지하고, 다음으로 연결하는 것. 변화는 그렇게 이어진다.

Key Questions

- 변화 성과를 수치가 아닌 '경험'으로도 측정하는 방법은 무엇일까?

- 변화의 과정과 맥락을 이야기로 정리하고 후속 세대에 전하기 위해 어떻게 해야 할까?

- 변화된 방식이 구성원의 일상 습관으로 정착되고 있는가?

- 변화 주도자에게 실질적 보상과 인정은 어떻게 해야 할까?

PART 2

회의문화 혁신

: 일하는 방식을 바꾸는
실천의 시작점

01

회의문화 혁신, 왜 이렇게 어려운 것인가?

　회의는 조직문화의 축소판이자 거울이다. 회의를 자세히 들여다보면 조직의 의사소통 패턴, 리더십 스타일, 혁신에 대한 태도 등 다양한 문화적 요소들이 회의실 안에서 고스란히 드러난다. 이러한 맥락에서 회의문화 개선은 전체 조직문화 변화의 강력한 촉매제가 될 수 있다.

　다양한 연구 결과가 이를 뒷받침한다. 회의 참여도와 직원 만족도 사이의 강한 상관관계, 구조화된 회의와 체계적이고 절차를 중시하는 조직문화 간의 연관성, 자유로운 회의와 창의적인 기업 문화의 관계 등이 밝혀졌다. 이는 회의문화와 조직문화 사이의 복잡하고 긴밀한 관계를 명확히 보여준다. 대부분의 기업이 회의를 개선하는 데 어려움을 겪는 이유는 이러한 문화적 연결고리를 간과하거나 놓치고 있기 때문이다. 이를 세밀히 들여다보면 몇 가지 이유가 존재한다.

첫째, 선언적인 조직문화 개선과 실제 회의문화 사이의 괴리가 존재한다는 것이다. 많은 기업이 회의 밖에서는 수평적이고 긍정적인 조직문화를 강조하지만, 정작 회의실 문을 닫는 순간 그 가치들은 사라진다. 'Speak up'을 외치면서도 회의에서는 소수의 의견만 들리는 아이러니한 상황이 벌어진다. 반면, 'Speed'가 핵심 가치 중 하나인 어느 기업의 CX팀은 '15분 스탠드업 회의'를 도입해 말과 행동의 일치를 보여 주었다. 이처럼 문화적 일관성은 회의문화 개선의 핵심이다.

둘째, 리더십의 인식 부족이 문제다. 회의문화를 개선할 때 리더십의 역할은 결정적이다. 지난 몇 년간 회의문화 개선을 위한 코칭 프로젝트에서 공통으로 경험한 장애 요인 중 하나는 회의문화 개선에 가장 큰 책임과 역할을 지닌 리더(회의 주재자)가 회의문화 개선을 단순한 기술적 문제로 인식한다는 것이다. 그들은 명확한 회의 목표와 회의 안건, 철저한 시간 관리만으로 '스마트한 회의'가

가능하다고 믿는다. 그러나 회의 참석자들의 심리적, 정서적 상태에 영향을 미치는 요인들을 분석하여 자유로운 분위기에서 생산적인 토론을 가능하게 하고, 회의를 통해 조직문화를 변화시킬 수 있는 '건강한 회의'에 대해 그들은 소극적 태도를 보인다. 중요하지만 시급하지 않다고 생각하기 때문이다. 효율적, 효과적 회의를 만드는데 머물지 않고 구성원들의 사기와 업무 의욕을 높이고 창의적 잠재력을 발휘할 수 있게 만드는 '건강한 회의'에 대한 리더들의 무관심은 결국 회의문화 개선 노력을 일회성 이벤트로 끝내 버리는 결과를 초래할 뿐이다.

셋째, 체계적 접근의 부재가 있다. 어떤 회의문화를 지향할 것인가에 대한 의도적이고 체계적인 접근이 미흡하거나 없다는 것이다. 회의문화 개선은 단순히 회의 효율성을 높이는 것을 넘어, 조직의 전략적 목표와 가치관을 반영하는 과정이 되어야 한다. 수많은 책, 아티클, 유튜브를 통해 아마존, 넷플릭스, IDEO 등의 회의 모범 사례를 쉽게 접할 수 있다. 이들의 회의 관행은 따라 하고 싶은 유혹을 불러일으킨다. 하지만 회의문화는 조직문화와 조화를 이루어야 하므로 맥락 없이 도입해서는 안 된다. 우리 조직이 지향해야 할 회의문화가 무엇이 되어야 하는가를 정하려면 회의문화에는 어떤 유형이 존재하는지, 그리고 어떤 유형이 우리 조직에 적합한지에 대한 의도적인 고민이 선행되어야 한다. 조직마다 고유한 문화와 가치관이 있으므로, 회의문화 개선 역시 이에 맞춰 맥락화되어야 한다. 조직의 현재 문화와 지향점에 대한 철저한 분석, 조직의 비전과 가치에 부합하는 이상적인 회의문화 정의, 구체적인 개선 목표와 실행 계획 수립, 다양한 회의 유형과 방식에 관한 연구 및 실험, 지속적인 모니터링과 피드백 시스템 구축, 점진적인 변화를 통한 조직원들의 적응 기회 제공 등 의도적이고 체계적인 접근이 없이는 회의문화 개선은 쉽게 이루어지지 않는다.

결론적으로, 회의문화 개선은 단순한 효율성 향상을 넘어선 복잡한 과제다. 조직문화와 회의문화를 의도적으로 연결하는 노력, 리더십의 인식 변화, 체계적인 접근을 통해 우리는 진정한 회의문화 개선과 조직 혁신의 길을 열 수 있을 것이다. 그 과정은 쉽지 않겠지만, 그 결과로 얻게 될 창의적이고 생산적인 조직의 모습은 그 노력을 충분히 보상할 것이다.

Key Questions

- 선언적인 조직문화와 실제 회의문화 사이에 어떤 차이가 있는가? 이 격차를 줄이기 위해 어떤 노력을 하고 있는가?

- 리더십이 '스마트한 회의'와 '건강한 회의'의 차이를 이해하는 것이 중요하다. 우리 조직의 리더들은 회의문화 개선에 대해 어떤 인식을 가지고 있는가? 이를 개선하기 위한 방안은 무엇일까?

- 회의문화 개선을 위한 체계적 접근이 필요하다. 우리 조직은 어떤 단계적이고 장기적인 계획을 갖고 있는가? 없다면, 어떤 계획이 필요하다고 생각하는가?

- 회의 참여도와 직원 만족도 사이에는 강한 상관관계가 있다. 우리 조직의 회의 참여도는 어떤 수준인가? 이를 높이기 위해 어떤 노력을 하고 있는가?

02

우리 조직에 가장 적합한 회의문화, 어떻게 정의하고 설계할 것인가?

회의는 조직문화의 한 단면이며 축소판이다. 회의를 들여다보면 그 조직의 의사소통 방식, 리더십 스타일, 새로운 아이디어에 대한 반응 등 다양한 문화적 요소를 파악할 수 있다. 그렇기에 조직문화를 개선하고자 할 때, 회의문화를 변화시키는 것이 효과적인 시작점이 될 수 있다.

회의 개선의 어려움은 단순히 문화적 연결고리를 놓치는 것을 넘어, 선언과 실천 사이의 틈에서도 발생한다. 많은 조직이 이상적인 문화를 표방하지만, 실제 회의 환경에서 이를 구현하기 위한 구체적인 방법을 고안하지 않는 경우가 많다.

  이러한 괴리를 극복하기 위해서는 조직의 가치를 일상적인 업무 프로세스에 통합하는 노력이 필요하다. 예를 들어, '혁신'을 핵심 가치로 내세우는 기업이라면, 정기적으로 '아이디어 공유 세션'을 회의에 포함시키거나, '협업'을 중시하는 조직이라면 CFT 미팅을 정례화하는 등의 구체적인 실천 방안을 마련할 수 있다.

  따라서 회의문화 개선을 위해서는 선언적인 가치를 실제 회의 환경에 적용할 수 있는 구체적이고 실행 가능한 전략을 수립하는 것이 중요하다. 이는 조직의 특성과 목표에 맞는 맞춤형 접근이 필요한 과정이다. 또한, 이러한 변화를 지속적으로 모니터링하고 피드백을 수렴하여 조직의 변화하는 요구사항에 맞게 조정해 나가는 것도 중요한 부분이다.

  회의문화 유형을 구분하는 프레임워크는 두 가지 축을 기반으로 한다. 가령 x축에 유연한 접근 방식 대 구조화된 접근 방식을 놓고, y축에는 인풋 중심 대 아웃풋 중심을 놓을 수 있다. 이 프레임워크에서는 네 가지 회의문화 유형이 도출된다. 사람 중심, 권력 중심, 결과 중심, 아이디어 중심 회의문화이다.

- **사람 중심**people-driven **회의문화 유형**: 이는 인풋에 초점을 둔 유연

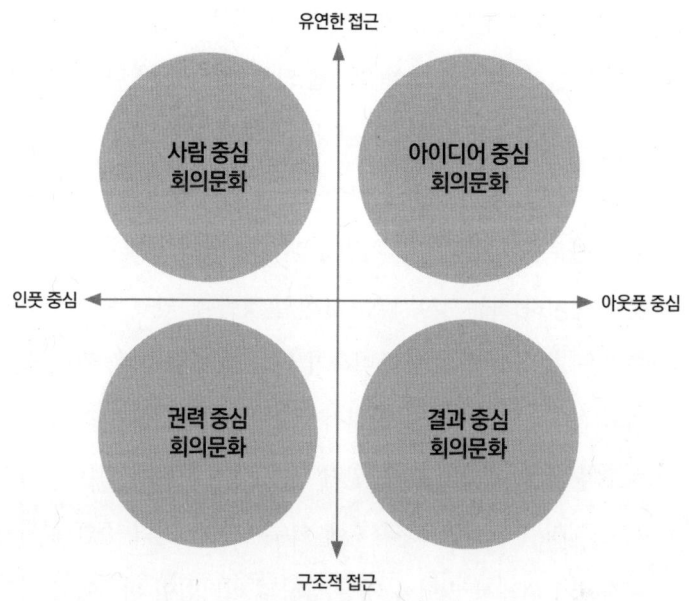

한 접근 방식이다. 이런 유형은 비공식적이고, 정형화된 프로세스가 없는 경향을 보인다. 활기찬 분위기와 소속감 형성에 중점을 두며, 느슨한 구조로 인해 회의 어젠다가 불명확하지만 모든 참여자가 자유롭게 의견을 나눌 수 있어 소통이 원활하다. IKEA, 파타고니아가 대표적 사례이다.

- **권력 중심**power-driven **회의문화 유형**: 이는 인풋에 초점을 둔 구조적 접근 방식을 취한 회의 유형이다. 이런 유형은 구조화된 프

로세스를 지향한다. 상사의 '권력 놀이'가 있을 수 있고, 낮은 심리적 안전, 상사에 대한 과도한 의존, 침묵 등이 나타난다. 권력 중심 회의에서 반복되는 현상은 회의를 위해 많은 준비를 한다는 것이다. 좋은 결과를 만들어내기 위한 준비라고 하기보다는 상사로부터 질책이나 처벌을 피하기 위한 완벽주의에서 비롯된 준비라 하는 것이 맞는 표현일 것이다. 안건은 여러 번의 수정을 거치고, 회의를 준비하기 위한 회의를 한다. 권력 중심 회의에서는 참석자들의 심리적 안전감이 낮으며, 그러므로 참여도가 낮을 수밖에 없다. 권력 중심 회의가 눈에 띄는 조직에서 실질적인 대화는 회의 후에 이루어진다. 권력 중심 회의가 근절되기 위해서 권력을 가진 상사의 리더십이 바뀌어야 하지만 구성원들의 권위자에 순응하려는 태도, 업무 수행보다는 상사를 기쁘게 하는 데 집중하는 태도, 회의에서는 공개적으로 동의하고 회의가 끝나면 딴소리하는 등 부하 직원의 잘못된 태도 또한 바뀌어야 한다.

- **결과 중심**results-driven **회의문화 유형**: 이는 아웃풋에 초점을 둔 구조화된 접근 방식을 취한 회의 유형이다. 이들의 회의문화는 효율성, 목표 지향성, 성과 지향성을 강조한다. 올바른 결과를 도출하기 위해 프로세스, 구조에 우선순위를 두며, 잘 설계된 어

젠다, 명확한 역할과 책임 부여, 정시 시작과 종료, 집중된 논의가 특징이다. 넷플릭스, 아마존, 구글의 회의가 대표적 사례이다. 결과 중심 회의문화는 많은 책이나 기사에서 가장 매력적인 회의문화 유형으로 소개되는 경향이 있다. 하지만 결과 중심의 회의문화가 항상 긍정적인 결과를 보장하는 것은 아니다. 지나치게 구조화된 프로세스는 창의성을 해칠 수 있고, 조직의 정서적 문화를 저해할 수 있는 위험성이 있다는 사실도 주의 깊게 살펴야 한다.

- **아이디어 중심**Idea-driven **회의문화 유형**: 이는 아웃풋에 초점을 둔 유연한 접근 방식이다. 이러한 유형의 회의문화는 창의성과 협업을 촉진한다. 아이디어 중심의 회의문화가 모든 회의를 브레인스토밍으로 진행한다는 의미는 아니다. 아이디어가 누구에게서 나왔든 최고의 아이디어가 채택될 수 있는 환경을 조성한다는 의미이다. 이들의 사고방식은 협력적, 실험적, 관대함 등으로 표현할 수 있다. 'yes-but'이 아닌 'yes-and'의 태도로 아이디어 편승을 장려하며, 열정적인 대화와 솔직한 피드백 교환이 이루어진다. 픽사Pixar, 브리지워터 어소시에이츠Bridgewater Associates, IDEO 등이 대표적 사례이다.

이 네 가지 유형을 조합한 하이브리드 회의문화도 가능하다. 예를 들어 애플이나 스포티파이와 같이 아이디어 중심과 결과 중심 회의문화의 장점을 결합할 수 있다.

우리 조직에 적합한 회의문화를 찾으려면 먼저 현재의 조직문화를 평가해야 한다. 통제된 환경에 아이디어 중심의 회의문화를 도입하거나, 창의적인 문화에 경직된 프로세스를 강요하면 실패할 가능성이 높다. 그렇다고 현재의 조직문화에만 얽매일 필요는 없다. 많은 조직이 회의문화 개선을 통해 조직문화 전체를 변화시키려 노력한다. 미래지향적 관점에서 새로운 접근 방식을 시도해 볼 가치가 있다. 하이브리드 형태의 회의문화를 고민하거나, 부서별 또는 프로젝트별로 다양한 회의문화를 병행하는 것도 좋은 방법이다.

마지막으로, 회의문화와 결과를 혼동하지 말아야 한다. 사람 중심 회의문화가 반드시 비효율적인 것은 아니며, 결과 중심 회의문화가 항상 좋은 성과를 보장하는 것도 아니다. 모든 조직은 저마다의 회의문화를 가지고 있다. 중요한 것은 회의문화 개선이 조직의 문화적 맥락을 고려하면서 조직 전체의 발전을 도모하는 방향으로 이루어져야 한다는 점이다.

Key Questions

- 글로벌 기업들의 다양한 회의문화 사례 중 우리 조직에 적용해 보고 싶은 특정 요소나 방식이 있는가? 그 이유는 무엇인가?

- IKEA의 'Fika'처럼 우리 조직의 문화적 특성을 반영한 독특한 회의 관행이 있는가? 없다면, 어떤 문화적 요소를 회의에 접목하고 싶은가?

- 구글의 '건설적 갈등' 장려나 브리지워터의 '급진적 솔직함' 같은 접근 방식에 대해 어떻게 생각하는가? 우리 조직에서는 이러한 방식이 어떤 효과를 가져올 것인가?

- 애플이나 스포티파이처럼 하이브리드 접근 방식(예: 결과 중심과 아이디어 중심의 결합)을 고려해 본 적이 있는가? 우리 조직에서 이러한 접근이 가능한가? 어떤 장단점이 있을 것 같은가?

03

글로벌 기업들은 어떤 회의문화를 통해 성과를 창출하고 있는가?

글로벌 기업들은 각자의 특성과 목표에 맞는 다양한 회의문화를 발전시켜 왔다. 이들의 사례를 통해 효과적인 회의문화의 다양한 모습을 엿볼 수 있다.

IKEA는 사람 중심 회의문화의 대표적 사례다. 이 스웨덴 기업은 즉흥적인 회의를 장려하는데, 이는 스웨덴 문화의 중요한 부분인 'Fika'와 연관이 있다. Fika는 단순한 커피 브레이크를 넘어 사회적 교류와 관계 형성의 중요한 수단이다. IKEA의 회의는 비공식적이고 유연한 구조를 가지며, 모든 참여자의 자유로운 의견 개진을 장려한다. 좋은 분위기와 소속감 형성에 중점을 두어, 때로는 회의가 길어지거나 결과가 명확하지 않을 때도 있다. 하지만 IKEA는 이런 과정을 통해 구성원들의 참여와 소속감을 높이고 있다.

넷플릭스와 아마존은 결과 중심 회의문화를 대표하는 기업들이다. 넷플릭스는 효율성과 목표 지향성을 강조하며, 정시에 시작하고 끝나는 회의, 잘 준비된 안건, 명확한 의사결정 목표 설정을 특징으로 한다. 아마존은 한 걸음 더 나아가 파워포인트 사용을 금지하고 대신 6페이지 분량의 서술형 자료를 준비하게 한다. 회의 시작 시 '침묵의 정독' 시간을 가져 참석자들이 내용을 깊이 이해한 후 핵심 논의에 집중할 수 있게 한다.

구글 역시 결과 중심 회의문화를 가진 기업이다. 8가지 회의 원칙을 통해 효율적이고 생산적인 회의문화를 만들어 가고 있다. 명확한 의사결정자 지정, 회의의 목표와 구조 명확화, 참석자 수 제한, 적극적인 참여 독려 등이 주요 원칙이다. 특히 구글은 '모두의 동의'를 경계하는데, 최선의 결정을 위해서는 건설적 갈등이 필요하다고 믿기 때문이다.

픽사, 브리지워터 어소시에이츠, IDEO는 아이디어 중심 회의문화의 좋은 예다. 픽사는 '브레인트러스트' 회의를 통해 솔직한 피드백을 교환하고, '데일리 체크인'으로 빈번하고 짧은 회의를 진행한다. 개방적이고 협력적인 환경에서 프로젝트 개선에 초점을 맞춘 건설적인 비판을 장려한다. 브리지워터 어소시에이츠는 '아이디어 실력주의'를 추구하며, 급진적 솔직함과 투명성을 강조한다. 모든 회의를 녹화하고 공유하며, 실시간 평가 도구 'Dot Collector'를 사용해 참석자들의 기여도를 시각화한다. IDEO는 디자인사고와 협업을 핵심으로 하는 회의문화를 가지고 있다. 개방적이고 협력적인 환경에서 즐겁고 유쾌한 분위기를 통해 창의성을 자극한다. 디자인사고와 브레인스토밍 기법을 적극 활용하여 혁신적인 아이디어를 도출한다.

애플과 스포티파이는 결과 중심과 아이디어 중심 회의문화의 장점을 결합한 하이브리드 접근 방식을 채택하고 있다. 짧고 집중된 회의로 효율성을 추구하면서도, 창의적 아이디어 발굴을 위해 유연한 회의 구조도 활용한다. 이를 통해 혁신과 효율성의 균형을 맞추고 있다. 스포티파이는 '스쿼드'라 불리는 작은 자율적 팀을 중심으로 회의문화를 형성했다. 각 스쿼드는 특정 기능이나 프로젝트에 집중하며, 필요에 따라 회의를 자율적으로 운영한다. '스탠드업 미팅'이나 '데일리 스크럼'과 같은 짧은 일일 회의를 통해 진행 상황을 공유하고 문제를 즉시 논의한다. 이러한 방식은 빠른 의사결정과 효율적인 협업을 가능케 한다.

이처럼 글로벌 기업들의 회의문화는 각 기업의 특성과 목표에 맞게 다양한 형태로 발전해 왔다. 어떤 회의문화가 가장 좋다고 단정 짓기는 어렵다. 중요한 것은 각 조직의 특성과 목표에 맞는 회의문화를 찾아 발전시키는 것이다. 이를 통해 조직은 더 나은 소통, 의사결정, 그리고 궁극적으로는 더 나은 성과를 이룰 수 있을 것이다.

Key Questions

- 우리 조직의 회의문화는 사람 중심, 권력 중심, 결과 중심, 아이디어 중심 중 어떤 유형에 가까운가? 이러한 회의문화가 조직의 목표와 가치를 얼마나 잘 반영하고 있는가?

- 글로벌 기업들은 각자의 특성에 맞는 독특한 회의 방식을 개발했다. 우리 조직은 어떤 독특한 회의 관행이나 원칙을 가지고 있는가? 이것이 조직의 성과에 어떤 영향을 미치고 있는가?

- 효율성과 창의성은 때로 상충할 수 있다. 우리 회의는 이 두 가지 요소를 어떻게 균형 있게 다루고 있는가? 개선이 필요한 부분은 무엇인가?

- 회의문화는 조직의 전반적인 문화를 반영한다. 우리 회의문화를 통해 조직문화의 어떤 측면을 볼 수 있는가? 이를 통해 어떤 변화나 개선이 필요하다고 생각하는가?

04

회의를 다각도로 분석하면 무엇이 보이는가?

회의는 조직의 핵심적인 소통 및 의사결정 도구로, 조직의 성과와 문화에 지대한 영향을 미친다. 그러나 회의의 복잡성과 다면성을 고려할 때, 단일 관점으로는 회의의 전체적인 역동성을 파악하기 어렵다. 따라서 회의를 프로세스, 커뮤니케이션, 심리, 조직문화의 네 가지 관점에서 분석하는 것이 효과적이다. 이러한 다각적 접근은 회의의 효율성, 효과성, 참여자 경험, 그리고 조직적 맥락을 종합적으로 이해하고 개선할 수 있게 해준다. 각 관점은 서로 다른 차원의 인사이트를 제공하며, 이들을 통합함으로써 회의문화를 보다 포괄적이고 균형 잡힌 방식으로 발전시킬 수 있다.

- **프로세스 관점**: 프로세스 관점에서는 회의의 구조와 흐름, 의사결정 과정, 시간 관리, 그리고 회의 전후의 활동에 주목한다. 이 관점의 주된 목적은 회의의 효율성을 높이고, 의사결정 프로세스를 최적화하며, 불필요한 시간 낭비 요소를 제거하는 것이다. 이를 위해 회의 프로세스 매핑, 시간 분석, 회의 참석자 역할 및 책임 분석, 지원 시스템 분석 등의 도구와 방법을 활용한다. 이러한 접근을 통해 회의 시간 단축, 효율성 증대, 명확한 의사결정 프로세스 확립, 불필요한 회의 감소, 그리고 회의 목표 달성률 향상 등의 결과를 기대할 수 있다. 핵심 분석 요소로는 회의 목적과 기대 결과의 명확성, 의사결정 프로세스의 효율성, 그리고 자원의 효과적 활용 여부를 들 수 있다.
- **커뮤니케이션 관점**: 커뮤니케이션 관점에서는 정보 공유의 질과 양, 의사소통 패턴, 비언어적 커뮤니케이션, 그리고 피드백 메커니즘뿐만 아니라 회의 참석자들의 커뮤니케이션 스킬과 회의 주재자의 퍼실리테이션 역량까지 포괄적으로 고려한다. 이 관점의 주요 목적은 의사소통 장벽을 식별하고 제거하며, 정보 흐름을 개선하고, 참여도를 높이는 것이다. 이를 위해 의사소통

네트워크 분석, 언어 분석, 행동 관찰, 피드백 설문 및 인터뷰 등의 방법을 사용한다. 이러한 종합적인 분석을 통해 회의 내 의사소통의 효과성을 전반적으로 평가하고, 참석자들의 커뮤니케이션 역량 강화와 회의 주재자의 퍼실리테이션 기술 향상을 위한 구체적인 개선 방안을 도출할 수 있다. 궁극적으로 이는 회의 생산성과 효율성을 높이고, 조직 내 협력과 이해의 증진에 기여한다. 핵심 분석 요소는 효과적인 커뮤니케이션 스킬의 활용, 참여 독려와 건설적인 피드백 장려, 그리고 참석자(원격 참석자 포함)를 위한 물리적, 기술적 환경 지원 여부를 포함한다.

- **심리적 관점**: 심리적 관점에서는 참가자의 감정과 태도, 그룹 역학, 동기 부여, 심리적 안전감, 지적 솔직성 Intellectual Honesty에 주목한다. 이 관점의 목적은 참석자 만족도를 높이고, 창의성과 혁신을 촉진하며, 갈등을 관리하고 해결하는 것이다. 또한 참석자들의 침묵 원인을 파악하고 적극적 참여를 저해하는 요인을 제거하며, 긍정적인 회의 분위기를 조성하는 데에도 중점을 둔다. 이를 위해 심리 설문, 행동 관찰, 인터뷰 등의 도구를 사용한다. 이러한 접근을 통해 참가자의 심리적 안전감 증대, 창의적 아이디어 제안 증가, 회의 참여 동기 향상, 스트레스 감소 및 직무 만족도 증가, 팀 응집력 강화 등의 결과를 기대할 수 있

다. 핵심 분석 요소는 심리적 안전감과 자유로운 의견 표현, 침묵 원인 파악과 해결, 그리고 긍정적 분위기 조성과 갈등 관리를 포함한다.

- **조직문화 관점**: 조직문화 관점에서는 회의문화와 조직 가치관의 연관성, 권력 구조와 의사결정 패턴, 암묵적 규범과 기대, 다양성과 포용성에 초점을 맞춘다. 이 관점의 주요 목적은 조직 가치관과 회의문화를 정렬시키고, 권력 역학을 개선하며, 포용적인 회의문화를 구축하는 것이다. 이를 위해 조직문화 관련 자료 검토, 참여 관찰, 심층 인터뷰 및 포커스 그룹 등의 방법을 활용한다. 이러한 접근을 통해 회의문화와 조직 가치관의 일치도 증가, 의사결정 과정의 투명성 및 공정성 개선, 다양한 의견 수용 및 포용적 분위기 조성, 권력 불균형 완화 및 평등한 참여 기회 제공, 그리고 혁신적이고 적응력 있는 조직문화 형성 등의 결과를 기대할 수 있다. 핵심 분석 요소로는 회의문화와 조직 핵심 가치의 일치성, 다양성과 포용성의 존중, 그리고 건강한 권력 역학과 평등한 참여 보장을 들 수 있다.

이러한 다각적 접근은 회의의 효율성, 효과성, 참여자 경험, 그리고 조직적 맥락을 종합적으로 이해하고 개선할 수 있게 해준다.

각 관점은 서로 다른 차원의 인사이트를 제공하며, 이들을 통합함으로써 회의문화를 보다 포괄적이고 균형 잡힌 방식으로 발전시킬 수 있다. 결과적으로, 이 접근법은 단순히 개별 회의의 질을 높이는 차원을 넘어 조직의 전략적 도구로 활용될 수 있다. 회의문화 개선은 조직의 전체적인 효율성과 혁신 능력을 높이는 핵심 요소가 되어, 전반적인 업무 방식과 조직문화를 혁신하는 데 중요한 역할을 할 수 있는 것이다.

Key Questions

- 우리 조직의 회의는 명확한 목적과 효율적인 의사결정 과정을 가지고 있는가? 시간과 자원을 어떻게 효과적으로 활용하고 있는가?

- 회의에서 정보 공유와 의사소통이 얼마나 원활하게 이루어지고 있는가? 참석자들의 참여도를 높이기 위해 어떤 노력을 하고 있는가?

- 우리 조직의 회의에서 참석자들이 심리적 안전감을 느끼고 자유롭게 의견을 표현할 수 있는가? 창의성과 혁신을 촉진하기 위해 어떤 분위기를 조성하고 있는가?

- 회의문화가 조직의 핵심 가치관을 얼마나 잘 반영하고 있는가? 다양성과 포용성, 공정한 참여 기회를 어떻게 보장하고 있는가?

05

회의의 시간과 형식, 언제 어떻게 구성해야 가장 효과적인가?

현대 조직에서 회의는 정보 공유, 의사 결정, 문제 해결, 협업을 위한 핵심 도구이다. 그러나 많은 조직에서는 회의가 비효율적으로 운영되어 시간과 자원이 낭비되고 있다. 회의는 단순한 커뮤니케이션의 장이 아니라, 조직 운영의 질을 가늠할 수 있는 척도임에도 불구하고 제대로 설계되지 않거나 목적 없이 진행되는 경우가 빈번하다.

지난 10년간 회의문화 개선 프로젝트를 수행한 경험에 따르면, 다수의 리더가 근무 시간의 약 70%를 회의에 사용하는 것으로 나타났으며, 초과 근무의 주된 이유로 회의가 지목되기도 하였다. 이는 비효율적인 회의가 생산성 저하뿐만 아니라 직원들의 워라밸 Work-Life Balance에도 악영향을 준다는 점을 시사한다.

시간 관리에 대한 피터 드러커의 통찰을 빌려보자. 그는 리더라면 회의를 열기 전에 다음과 같은 질문을 자신에게 던져야 한다고 강조한다. "혹시 내가 그들에게 도움이 되지 못하면서 그들의 귀중한 시간을 빼앗고 있는 것은 아닌가?" 만약 이에 대한 명확한 "아니오"라는 확신이 없다면, 그 회의는 중단되어야 한다. 이는 리더로서의 최소한의 책임이자 회의를 존중하는 태도이다.

효율적인 회의 관리는 단지 시간을 아끼는 차원의 문제가 아니다. 그것은 조직의 생산성과 경쟁력, 그리고 구성원의 삶의 질에 직결되는 중요한 경영 요소이다. 따라서 회의문화를 바꾸기 위해서는 체계적인 접근이 필요하다. 단순히 회의 시간을 줄이거나 참석자를 제한하는 방식이 아니라, 회의의 목적, 진행 방식, 정보 흐름의 구조 자체를 재설계해야 한다.

효율적인 회의문화를 구축하기 위한 전략으로 4단계 체크리스트를 소개한다. 첫째, 회의의 필요성을 명확히 정의하고, 둘째, 회의의 목적에 따라 적절한 형식을 선택하며, 셋째, 참석자는 회의 목적에 기여할 수 있는 사람으로 한정하고, 넷째, 회의 종료 시까지 실행 계획이 도출되도록 구조화한다. 이를 통해 조직은 불필요한 회의를 줄이고, 꼭 필요한 회의는 더욱 집중력 있게 운영할 수 있을 것이다.

나아가 이러한 실천은 구성원들의 업무 만족도를 높이고, 조직 전반의 성과 향상으로 이어질 수 있다. 특히, 회의가 반복될수록 구성원 간의 신뢰와 소통의 질이 달라지며, 이는 결국 조직문화와 리더십의 질을 결정짓는 핵심 요인이 된다.

이제 회의를 다시 정의해야 한다. 단지 모여서 말하는 시간이 아니라, 조직의 방향성과 실행력을 높이는 시간으로. 변화는 회의실에서 시작된다. 그리고 그 회의 하나하나가 곧 조직의 내일을 바꾸는 작은 변화의 출발점이 될 수 있다.

효율적인 회의를 위한 4단계 체크리스트

- **1단계: 회의의 필요성 평가**
    - [ ] 이 문제/주제가 회의 없이 해결될 수 있는가?
    - [ ] 이메일, 메모, 또는 간단한 대화로 대체 가능한가?
    - [ ] 이 회의가 단지 참석자들의 시간을 빼앗는 것은 아닌가?

- 평가 기준: 최소 2개 이상의 항목에 '아니오'라고 답하면 다음 단계로 진행한다. 그렇지 않으면 회의 대신 다른 방법을 고려해야 한다.

- **2단계: 집단 논의에 대한 가치 평가**
  - [ ] 이 주제가 여러 사람의 의견과 관점이 있어야 하는가?
  - [ ] 집단 지성이 이 문제 해결에 실질적인 도움이 되는가?
  - [ ] 개인 작업 후 피드백을 받는 것보다 집단 논의가 더 효과적인가?

  - 평가 기준: 최소 2개 이상의 항목에 '예'라고 답하면 다음 단계로 진행한다. 그렇지 않으면 개별 작업이나 다른 형태의 협업을 고려해야 한다.

- **3단계: 회의 목적과 기대 결과 명확화**
  - [ ] 회의의 주요 목적이 명확히 정의되어 있는가? (예: 의사결정, 정보 공유, 문제 해결, 아이디어 창출)
  - [ ] 회의 진행 방식과 의제가 목적 달성에 적합하게 설계되어 있는가?

- [ ] 회의 종료 시 얻고자 하는 구체적인 결과물이 명시되어 있는가?

- 평가 기준: 모든 항목에 대해 명확한 답변이 있어야 한다. 하나라도 불명확한 항목이 있다면, 그 부분을 명확히 한 후 다음 단계로 진행한다.

- **4단계: 참석자 선정 및 회의 형식 결정**
  - [ ] 누구의 참석이 필요한가?
  - [ ] 각 참석자의 역할과 기여가 명확한가?
  - [ ] 회의 진행 방식(대면, 화상, 혼합)이 목적에 부합하는가?

  - 평가 기준: 모든 항목에 '예'라고 답하면 회의를 진행한다. 그렇지 않으면 회의 준비를 더 철저히 하거나, 회의 형식을 재고해야 한다.

<u>체계적인 접근은 회의의 효율성을 증진시키는 것을 넘어, 조직의 전반적인 생산성, 혁신 역량, 나아가 조직문화를 향상하는 데 기여한다.</u> 이는 현대 조직이 직면한 복잡한 난제들을 해결하고, 급변하는

사업 환경 속에서 경쟁 우위를 확보하는 데 필수적이다.

  점검표를 조직의 특성에 부합하도록 수정 및 보완해 나가는 것이 바람직하다. 회의문화 개선은 상당한 시간이 소요되는 과정이나, 이처럼 체계적인 접근법을 통해 점진적으로 개선될 수 있다. **효율적인 회의 관리는 조직 성공의 핵심 요소임을 명심하고, 꾸준한 개선 노력을 기울여야 한다.**

Key Questions

- 우리 조직에서 회의에 소비되는 시간과 그 생산성은 어떤 관계인가? 이를 어떻게 개선할 수 있을까?

- 회의를 열기 전, 그 필요성을 어떻게 판단하는가? 어떤 기준을 사용하고 있을까?

- 어떤 상황에서 개인 작업보다 회의가 더 효과적일까? 집단 논의의 가치를 어떻게 평가하는가?

- 회의 목적과 기대 결과를 명확히 하는 것이 왜 중요할까? 이를 위해 어떤 방법을 사용하고 있는가?

06

회의 성패를 가르는 준비 과정, 무엇을 어떻게 해야 하는가?

현대 비즈니스 환경에서 회의는 **중요한 의사결정 및 협업의 장**으로 기능한다. 하지만 다수의 조직에서 회의가 비효율적이며 시간 낭비라는 인식이 팽배하다. "회의 성과의 절반 이상이 회의 준비 단계에서 결정된다"는 주장은 이러한 상황에서 주목할 만하다. 효과적인 회의 준비를 위해 다음과 같은 **핵심 요소들을 고려해야 한다.**

회의 목적 및 목표 명확화

　회의 준비 단계에서 명확한 목표를 설정하는 것은 회의의 방향성을 결정한다. 하버드 비즈니스 리뷰의 연구에 따르면, 명확한 목표가 있는 회의는 그렇지 않은 회의에 비하여 생산성이 64% 높게 나타난다. 이는 준비 단계에서 목표 설정이 회의 성과에 직접적인 영향을 미친다는 것을 시사한다.

　그러나 목적과 목표의 중요성을 인지하는 사람은 많으나, 이를 명확히 구분하여 사고할 수 있는 이는 드물다. 목적과 목표를 명확히 하기 위해서는 역설적으로 '목적'과 '목표'라는 단어를 사용하지 않는 방법이 존재한다.

　우선, '목적'이라는 단어를 사용하는 대신 "왜 모이려 하는가?"라는 질문을 던지고, 해당 질문에 대한 답변으로 회의 유형'을 정한다. 회의 유형에는 정보 공유, 이해관계 조정, 진척도 확인, 문제해결, 아이디어 창출, 의사결정, 업무 분배, 업무 조율, 실행 지원 등이 있다. 목적을 명확히 한다는 것은 대화에 참여한 모두의 에너지를 동일한 방향으로 모으는 행위이다. 회의 유형을 정하였다면, 다른 사람에게 이 목적을 서면으로 알릴 때 1개의 회의 유형만을 명시하는 것보다 **여러 개의 회의 유형을 목록화하고 그중 사람들이 집중해야 하는 것을 명확히 표시**하는 것이 바람직하다. 집중해야 할 목적과 반대로 집중하지 않아야 할 목적을 동시에 강조함으로써 참석자들에게 목적을 더욱 명확히 전달할 수 있다.

'목적'이라는 단어를 폐기하였다면, 이제 '목표'를 폐기할 차례이다. '목표' 대신 회의 종료 조건'이라고 명기하는 것이 좋다. 혹은 "회의를 통하여 무엇을 얻고자 하는가?"와 같은 질문을 활용할 수도 있다. 회의 목표 설정의 핵심은 <u>구체적이어야 한다는 점</u>이다. '팀 내 의사소통 개선'이라는 목표보다는 '월별 팀 내 의사소통 만족도 조사를 현재 6.5점에서 8점 이상으로 향상시키는 구체적인 액션 플랜 수립', '주간 팀 회의에서 모든 팀원이 최소 2회 이상 의견 제시', '슬랙Slack 메시지 응답 시간을 평균 4시간에서 2시간 이내로 단축' 등과 같이 <u>회의 참석자 누구나 읽었을 때 "아! 이러한 결과물을 위해 대화하는 것이로구나"라고 느낄 수 있어야 한다.</u>

회의 안건 설정

매킨지의 연구에 따르면, 잘 구조화된 안건을 가진 회의는 그렇지 않은 회의보다 평균 **17% 더 짧게 진행되면서도 더 나은 결과를 도출**한다. 이는 준비 단계에서의 효과적인 안건 설정이 시간 관리와 성과 향상에 직접적으로 기여함을 보여준다. 경험상 회의 안건과 관련하여 다음 사항을 고려하는 것이 좋다.

- **안건은 3개를 넘지 않는 것이 바람직하다.** 회의 참석자들의 집중력이 평균 45분 정도 유지된다는 사실을 고려할 때, 3개 이내로 제한하는 것이 좋다. 중요한 점은 단순히 숫자에 얽매이기보다 각 의제에 충분한 시간을 할애하여 조금 더 오래, 깊이 있게 하나의 대화에 머물러야 한다는 점이다. 필요하다면 덜 중요한 의제는 다음 회의로 연기하거나 이메일 등 다른 방식으로 처리하는 것을 고려할 수 있다.
- **안건이라는 용어 대신 질문형 논의 주제로 변경하는 것이 좋다.** 안건을 정하는 이유는 단순히 사람들이 대화 주제를 파악하도록 만드는 것에 그치지 않고, 해당 의제에 대해 더욱 깊이 생각하고 몰입하도록 유도하기 위함이다. 질문은 상대방을 사고하게 만드는 훌륭한 도구이므로, 안건은 **질문형으로 작성**하는 것이 좋다. 다수의 조직에서 토론 중심 회의를 지향하는 추세를 고려하면, '회의 안건'이라는 용어 대신 '논의 주제 1', '논의 주제 2'

등으로 변경하고 안건을 질문 형태로 바꾸는 것이 바람직하다.
- **참석자들의 필요와 의견을 반영해야 한다.** 회의는 참석하는 모든 사람을 위한 시간이어야 한다. 사람들이 회의에 몰입하기를 원한다면, 그들이 논의하고자 하는 주제를 그 이유와 함께 제안할 수 있도록 장려해야 한다. 제안한 주제가 안건으로 선정되지 않았다면 합당한 이유를 설명해 주어야 한다. 올바른 리더는 회의에서는 함께 논의가 필요한 사항만 안건으로 다루고, 나머지는 서면이나 개별적으로 논의하겠다는 회의 원칙을 부서 내 모든 사람에게 공지하여야 한다. 부서 업무 진척 상황 확인, 단순 정보 공유 목적의 회의, 상위 계층 회의 준비를 위한 회의 등은 지양되어야 한다.

참석자 선정

불필요한 참석자로 인해 다량의 생산적인 시간이 낭비되고 있다. 참석자 선정은 **필수 참석자와 선택적 참석자로 구분하여 초대**하는 것이 효과적이다. 선택적 참석자는 회의 목적 달성에 필수적이지는 않으나, 추가적인 전문 지식 제공, 다양한 관점 제시, 향후 관련 업무를 위한 맥락 파악 등과 관련한 통찰이나 정보를 제공함으로써 부가가치를 창출할 수 있는 이들을 의미한다. 선택적 참석자는 부서 내 구성원, 타 부서 구성원, 상위 관리자, 외부 전문가, 이해관계자 등 범주가 넓고 다양할 수 있다.

선택적 참석자는 일반적으로 회의에서 많은 발언권을 가지지 않으므로, 오히려 회의 후 의견을 제시할 수 있는 **피드백 메커니즘을 구축**하는 것이 효과적일 수 있다. 선택적 참석자는 소수의 인원이 지정되는 경우가 일반적이다. 만일 선택적 참석자가 없는 회의라면, 이들의 부재로 인해 포기되는 추가 정보나 통찰의 격차가 어느 정도인지, 존재한다면 이를 어떻게 관리할 것인지를 검토해야 한다.

참석자 선정 시 또 하나의 고려 사항은 **몇 명까지 초대할 것인가**이다. 아마존의 제프 베조스는 의사결정의 효율을 높이기 위해 회의 참석자 수를 두 판의 피자로 먹일 수 있는 인원, 즉 5~8명으로 제한해야 한다고 주장하였다. 구글은 가급적 8명 이상의 사람이 회의에 참여하지 않는다는 원칙을 지니고 있기도 하다. 펜실베이니아 대학교 와튼스쿨 또한 의사결정 속도와 품질이 가장 우수한 최적의 팀 규모는 5~6명이라는 연구 결과를 제시하였다. 회의의 목적, 성격, 조직의 특성에 따라 참석자 수는 조정될 수 있으나, 대다수의 연구와 전문가 의견은 **4~8명 사이의 참석자 수가 가장 효과적**이라는 점에서 일치한다.

회의 준비는 성공적인 회의의 토대이다. **명확한 목적 설정, 효과적인 안건 관리, 전략적 참석자 선정**은 회의의 질을 결정짓는 핵심 요소이다. 이러한 준비 과정을 통하여 회의는 단순한 의례적 모임에서 벗어나 **실질적 가치를 창출하는 협업의 장**으로 진화한다. 결국, 회의 준비에 투자하는 시간과 노력은 조직의 생산성과 혁신을 촉진하는 전략적 투자이다. 효과적인 회의문화 정착은 단순히 개별 회의의 성공을 넘어, **조직 전체의 의사결정 능력 및 협업 효율성을 높이는 핵심 경쟁력**이 된다. 따라서 리더들은 회의 준비의 중요성을 인식하고, 이를 조직문화의 일부로 정착시키는 데 주력해야 한다.

Key Questions

- 회의 준비 과정을 조직의 성과지표에 포함한다면, 어떤 항목들을 측정하고 어떻게 평가할 수 있을까? 이러한 평가가 조직문화에 미칠 영향은 무엇일까?

- '목적'과 '목표'라는 단어 대신 "왜 모이려고 하는가?"와 "회의 종료 조건은 무엇인가?"라는 질문을 사용하는 것이 어떤 인식의 변화를 불러올 수 있을까?

- 선택적 참석자 개념을 도입한다면, 당신의 조직에서 어떤 긍정적인 변화와 도전이 있을 것으로 예상하는가?

- 회의 준비를 조직의 핵심 경쟁력으로 인식하고 발전시키기 위해, 리더로서 어떤 구체적인 행동을 취할 수 있을까?

07

회의에서 침묵하는 구성원, 어떻게 변화시킬 수 있는가?

 회의실에 앉아 침묵을 경험한 적이 누구나 있다. 때로는 훌륭한 아이디어가 있음에도 불구하고 이를 개진하지 못하고, 그저 회의가 속히 종료되기를 바라는 마음으로 침묵에 잠기곤 한다. 이러한 침묵은 어떠한 연유로 발생하는 것이며, 어떻게 하면 모든 참여자가 자유롭게 의견을 교환하는 회의를 구현할 수 있을까?

 회의에서 침묵은 크게 **심리적 안정감, 개인적 성향, 그리고 조직문화 및 환경**이라는 세 가지 측면에서 분석할 수 있다.

 첫째, 심리적 안정감 부족이 주요 원인 중 하나로 지목된다. 다수의 사람은 자신의 의견이 비판받거나 조롱당할 것을 염려하며, 자신의 견해가 묵살될 것이라고 예상하기도 한다. 지식이나 경험의 부족으로 인한 자신감 결여, 궁극적으로 상사의 의견대로 결정될 것이라는 예상 또한 발언을 주저하게 만드는 요인이다. 과거에 의견을 제시했다가 부정적인 경험을 한 경우, 이러한 경향은 더 심화된다. 실수나 실패에 대한 두려움, 동료들과의 관계 악화에 대한 불안감, 승진이나 평가에 미칠 부정적 영향에 대한 염려 또한 침묵의 원인이 된다. 때로는 자신의 의견이 조직의 정책과 상충할 수 있다는 우려나 다른 사람들의 반응을 예측할 수 없는 불확실성 때문에 발언을 주저하기도 한다.

둘째, 개인적 성향 또한 중요한 요인이다. 갈등을 회피하고자 하는 성향이 강한 사람들은 의견 표명을 꺼리며, 완벽주의적 성향을 지닌 이들은 '완벽한' 의견을 개진할 때까지 침묵을 유지한다. 주목받는 것을 불편해하거나 내향적인 성격의 사람들은 다수 앞에서 이야기하는 것을 어려워하며, 신중한 성격으로 깊이 숙고한 후에야 의견을 개진하는 경향이 있는 사람들도 침묵하기 쉽다. 언어적 표현에 자신이 없거나 타인의 의견을 경청하는 것을 선호하는 경향이 있는 사람들도 회의에서 침묵하는 경향을 보인다. 즉흥적인 대응이 어렵거나 다수의 의견에 쉽게 동조하는 성향, 새로운 환경이나 사람들 앞에서 긴장하는 성향, 독립적인 사고나 결정을 선호하는 성향, 감정 표현에 어려움을 겪는 성격 등도 회의 참여를 저해하는 요인이 될 수 있다.

셋째, 조직문화와 환경적 요인 또한 지대한 영향을 미친다. 위계적이고 권위적인 조직문화, 혁신적인 아이디어를 환영하지 않는 분위기는 자유로운 의견 개진을 어렵게 한다. 회의 목적이나 안건이 명확하지 않거나, 과도한 업무량으로 인해 준비 시간이 부족한 경우에도 참여도가 저하된다. 회의 참석자가 너무 많아 발언 기회가 제한적이거나, 특정 인물이나 집단이 회의를 지배하는 상황 또한 문제점으로 지적된다. 부서 간 협력이 부족하여 의견 교환이 어려운 환경, 의사결정이 이미 하달되었다고 판단되는 경우, 의견 제시 후 실행의 책임까지 전가될 것을 우려하는 경우, 잦은 회의로 인한 피로감, 비효율적인 회의 시간 관리 등도 침묵의 원인이 된다. 발언에 대한 책임을 과도하게 부여하거나 실수나 실패에 대해 처벌적인 문화, 회의 참석자의 역할과 책임이 불명확한 경우, 원격 회의 시스템의 기술적 문제, 조직 내 정보 공유가 제한적인 환경 등도 활발한 의견 교환을 저해하는 요인들이다.

침묵을 깨고 생산성을 높이는 전략
5분 침묵 규칙

그렇다면 이러한 침묵을 어떻게 타개할 수 있을까? 가장 중요한 것은 "우리는 어떠한 방식으로 회의를 진행하는가?", "우리의 조직문화가 솔직한 의견 표현을 저해하는가?", "현재의 회의 구조가 효과적인 의사소통을 방해하는가?", "우리 조직은 진정으로 열린 의사소통을 가치 있게 여기는가?"라는 근본적인 질문을 던지는 것이다. 이를 통해 우리는 현재의 회의 방식과 조직문화를 성찰하고, 필요한 변화를 모색할 수 있다.

회의에서의 침묵은 단순히 개인의 문제가 아니다. 그 속에는 개인의 성향, 조직의 문화, 회의 환경 등 다양한 요소가 복잡하게 얽혀 있다. 따라서 이를 해결하기 위해서는 개인의 노력뿐 아니라 <u>조직 차원의 변화가 요구된다.</u>

여기서 '침묵을 인내하는 용기'를 발휘하는 것이 중요하다. 회의 중 침묵이 발생하면 대개 불편함을 느끼고, 특히 자신으로 인해 침묵이 유도되었다고 생각하는 이들은 이를 메우기 위해 과도하게 발언하는 경향을 보인다. 이러한 현상은 오히려 심층적인 사고와 다양한 의견 개진을 방해할 수 있다.

따라서 침묵이 발생하였을 때, 이를 조급하게 해소하려 하기보다 **각자 생각할 시간을 5분 정도 부여하는 방법**을 적극 활용할 것을 제안한다. 이 '5분 침묵 규칙'은 다음과 같은 이점을 제공한다.

- **심층적 사고 유도**: 즉각적인 발언의 압박에서 벗어나, 참석자들이 주어진 안건에 대해 보다 깊이 숙고하고 자신의 의견을 정리할 시간을 확보할 수 있다.
- **다양한 관점 수용**: 내향적이거나 신중한 성향의 참석자들도 충분한 사고를 통하여 자신의 견해를 정리하고 발표할 기회를 가질 수 있다. 이는 결과적으로 회의의 질을 높이고 보다 포괄적인 의사결정을 가능하게 한다.
- **발언의 질 향상**: 준비되지 않은 즉흥적인 발언을 줄이고, 보다 논리적이고 체계적인 의견 개진을 유도하여 회의의 효율성을 증대시킨다.
- **심리적 안정감 증진**: 침묵이 부정적인 것이 아니라는 인식을 심어주고, 발언에 대한 부담감을 줄여 심리적 안정감을 높이는 데 기여한다.

5분간의 침묵 시간이 지난 후에는 참석자들이 준비된 의견을 개진하도록 독려하며, 이는 질의응답이나 토론으로 이어질 수 있다. 중요한 것은 침묵을 단순히 '빈 공간'으로 여기지 않고, '사고의 공간'이자 '준비의 시간'으로 인식하는 조직문화를 조성하는 것이다.

침묵을 자연스러운 과정으로 받아들이고, 참석자들에게 충분한 사고 시간을 제공할 때 비로소 진정한 의미의 참여와 협력이 꽃피울 수 있다. 회의 준비 단계에서 안건을 사전에 공유하여 참석자들이 미리 숙고할 시간을 주는 것 또한 이 5분 침묵 규칙과 시너지를 낼 수 있는 방안이다. 결국, 회의는 단순히 정보를 전달하거나 결정을 내리는 자리가 아니라, **집단 지성을 발휘하여 최적의 해답을 찾아가는 과정**임을 인지하고, 이를 위한 환경을 조성하는 것이 중요하다고 하겠다.

Key Questions

- 우리 조직에서 가장 큰 침묵의 원인은 무엇이며, 이를 해결하기 위해 어떤 접근 방식이 효과적일 것으로 생각하는가?

- 회의에서 자유로운 의견 교환을 촉진하기 위해 리더로서 어떤 구체적인 행동이 필요할까?

- 심리적 안전감을 높이는 것과 회의 구조와 프로세스를 개선하는 것 중 어느 것이 침묵을 줄이는 데 더 효과적이라고 생각하는가? 그 이유는?

- 우리 조직에서 '침묵의 문화'를 '참여의 문화'로 전환하는 데 필요한 가장 중요한 세 가지 변화는 무엇이라 생각하는가?

08

솔직한 발언과 자유로운 제안, 어떻게 가능하게 만들 것인가?

　상사와 부하의 관계는 본질적으로 평등하지 않으며, 불편함을 내재할 수밖에 없는 관계이다. 이러한 불평등한 구조가 조직의 효율성과 목표 달성을 위해 필요하다는 시각 또한 존재한다. 그러나 조직 내 평등한 관계와 자유로운 의사소통을 추구하는 것은 단기적 효율성 손실을 감수하더라도 장기적으로 조직의 성공과 지속 가능성을 위해 필요하다는 주장은 당연하게 받아들여지고 있다. 특히 즉각적이고 직접적인 소통에 익숙한 MZ세대가 조직의 주요 구성원으로 자리 잡으면서 이러한 필요성은 더 증대하고 있다. 그들은 자신의 의견을 표현하는 것을 개인의 권리이자 자아실현의 방법으로 간주할 뿐만 아니라, 직급이나 나이와 관계없이 모든 의견이 존중받아야 한다고 여긴다. 그러나 이러한 MZ세대가 대부분의 팀원인 조직의 회의를 참관하다 보면 실제 **"솔직하고 자유로운 발언"은 쉽게 찾아보기 어렵다.** 이는 '상향식 의사소통'을 저해하는 암묵적인 믿음이 존재하기 때문이다.

'상사에게 부정적인 피드백을 제공하는 것은 위험하다', '해결책 없이 문제를 제기해서는 안 된다', '공개적으로 상사에게 도전하는 인상을 주는 것은 부적절하다', '강한 근거 없이 발언하여서는 안 된다', '말해 봐야 소용없다'와 같은 생각들은 자기검열을 초래하는 암묵적인 믿음에 해당한다. 이러한 현상은 단순히 개인의 선택이 아니라, 비공식적인 리더의 행동과 관행, 혹은 조직문화와 규범에 깊이 뿌리박힌 문제일 가능성이 매우 높다.

이 문제를 해결하기 위해서는 **조직 차원의 구조적 접근과 리더들이 주도하는 사회적 접근이 동시에 필요하다.** 조직 차원에서는 구성원 참여를 공식화한 활동, 상향식 의사소통과 관련한 가이드라인 제정, 직원 간담회 및 워크숍 개최, 주니어 보드 및 변화관리자 운영, IT 인프라 구축 등을 시도할 수 있다.

그러나 **더욱 중요한 것은 리더들이 주도하는 참여적 분위기 조성이다. 전통적인 한국 기업에서 흔히 관찰되는 권력 거리power distance가 높은, 즉 권력의 불평등에 순응하는 상향 적응 문화가 일반화된 조직의 경우, 리더들의 의식적인 노력 없이는 '솔직하고 자유로운 발언'은 거의 불가능하다. 대표적인 리더들의 실천 행동은 다음과 같다.

실천 방안

- **스스로 롤모델이 되어야 한다.** 리더가 자신의 상사에게 '터놓고 솔직하게 발언하는' 모습을 일관되게 보인다면, 그의 부하 직원들은 "말과 행동이 일치한다"는 인식을 갖게 되어 이를 진정성 있게 받아들일 것이다. 상위 리더로부터 시작된 솔직한 소통 문화는 조직의 각 계층을 따라 하위로 전파되는 효과를 가져온다. 물론 솔직함이 무례함이나 공격성으로 오해받지 않도록 건설적이고 존중하는 방식으로 소통하는 것의 본보기를 보여주는 것이 중요하다.
- **1:1 소통부터 시작해야 한다.** 정기적으로 부하 직원들과 일대일 미팅을 진행하고, 그들의 생각과 고민을 경청할 기회를 마련해야 한다. 일대일 소통을 통해 형성된 신뢰는 그룹 상황에서도

지속될 뿐만 아니라, 일대일 대화에서 경험한 긍정적인 피드백과 지지는 그룹 상황에서 심리적 안정감을 높이는 데 기여한다.

- **의견 제시자에게 실행 책임을 부과하지 않아야 한다.** 우선 조직은 리더들에게 아이디어 제안과 실행 책임을 분리하는 것의 중요성에 대하여 교육하여야 한다. 의견 제시자에게 실행까지 맡기는 관행이 너무나 빈번하게 발생하기 때문이다. 리더는 아이디어 제안자가 반드시 실행자가 될 필요가 없음을 명확히 하고, 실행 시기 및 담당자는 별도로 결정해야 한다. 중요한 것은 아이디어의 가치와 실행의 중요성을 동시에 인정하면서, 개인의 역량과 조직의 목표를 균형 있게 고려하는 것이다.

- **자기검열을 초래하는 암묵적인 믿음을 제거해야 한다.** 연구 결과에 따르면 '솔직하고 자유로운 발언'에 가장 큰 장애 요인은 '자신의 발언으로 야기될 수 있는 보복이나 불이익에 대한 두려움', '아이디어나 불만에 대해 리더들이 아무런 조치도 취하지 않을 것이라는 인식'이다. 그러나 그동안의 회의문화 개선 프로젝트 경험에 의하면 오히려 "상사에게 부정적인 피드백을 제공하는 것은 위험하다", "해결책 없이 문제를 제기하여서는 안 된다", "공개적으로 상사에게 도전하는 인상을 주는 것은 부적절하다", "강한 근거 없이 발언하여서는 안 된다"와 같은 자기검

열을 초래하는 암묵적인 믿음이 터놓고 솔직하게 말하지 못하게 만드는 주된 요인이었다. 이를 해소하는 방법은 리더가 좀 더 개방적이고 참여적인 회의 분위기를 조성하는 것이다. 이를 위해서 리더는 회의 참석자들에게 그들의 의견이 진정으로 가치 있고 필요하다는 메시지를 지속적으로 강력히 전달하여야 한다. 명시적으로 반대 의견을 요청하거나 회의 시작 시 한 명을 지정하여 모든 제안에 대해 의도적으로 반대 의견을 제시하는 '악마의 옹호자devil's advocate' 역할을 맡겨 비판적 사고와 다양한 관점을 끌어내는 노력 또한 자기 검열 성향을 줄이는 좋은 시도가 될 수 있다. 중요한 프로젝트를 이끌었던 한 리더는 프로젝트팀원들이 자기검열을 극복하고 다양한 관점에서 자유롭게 의견을 표현할 수 있는 구조화된 환경을 연출하기 위해 '여섯 색깔 모자six hat thinking' 기법을 회의 시 자주 사용하기도 하였다.

- **자기비판과 취약성을 노출해야 한다.** 리더로서 자신의 약점을 인정하고 취약성을 드러내는 것은 진정성 있는 리더십의 표현이며, 팀원들의 신뢰를 얻는 데 중요하다. 이러한 태도는 팀원들에게 솔직하고 개방적인 소통이 안전하고 가치 있다는 메시지를 전달할 수 있다. 리더의 자기비판과 취약성 노출은 매우 효

과적인 리더십 도구이며, 회의에서 '솔직하고 자유로운 발언'을 촉진하는 요인임이 분명하지만 몇 가지 유의점 또한 존재한다. 우선 자기비판과 자신감 있는 모습 사이의 적절한 균형을 유지함으로써 리더로서의 전문성과 능력에 대한 의구심으로 이어지지 않도록 주의해야 한다. 조작된 듯한 취약성 노출이 아닌, 진실되고 자연스러운 방식으로 행하여야 하며, 일관성을 유지하는 것이 중요하다. 겸손한 태도를 보이다가 갑자기 권위적인 태도로 변하면 혼란을 일으킬 수 있으며 리더로서의 신뢰에 손상을 줄 수 있기 때문이다.

결론적으로, '솔직하고 자유로운 발언' 문화의 정착은 단기간에 이루어질 수 있는 것이 아니다. 이는 조직의 지속적인 노력과 리더들의 진정성 있는 실천이 필요한 장기적인 과제이다. 이러한 노력의 진정한 출발점은 바로 **회의문화의 개선에 있다.** 회의는 조직 내 의사소통의 핵심적인 장이며, 이 자리에서 '솔직하고 자유로운 발언'이 실질적으로 구현될 때 비로소 이 문화가 조직 전반에 뿌리내릴 수 있기 때문이다.

Key Questions

- 우리 조직에서 '솔직하고 자유롭게 말하기'를 가로막는 가장 큰 암묵적 믿음은 무엇이며, 이를 극복하기 위해 리더로서 어떤 구체적인 행동을 취할 수 있을까?

- MZ세대의 직접적인 소통 방식이 조직문화에 어떤 영향을 미치고 있으며, 기존의 의사소통 구조와 어떻게 조화를 이룰 수 있을까?

- 리더의 '자기비판과 취약성 노출'이 팀의 심리적 안전감에 미치는 영향은 무엇이며, 이를 효과적으로 실천하기 위한 균형점은 어디에 있을까?

- '솔직하고 자유롭게 말하기' 문화를 정착시키는 과정에서 단기적 효율성 손실과 장기적 조직 성공 사이의 균형을 어떻게 맞출 수 있을까?

09

회의에서 지적 솔직함이 중요한 이유는 무엇인가?

지적 솔직함intellectual honesty은 개인의 신념과 무관하게 진실에 기반하여 합리적으로 문제에 접근하고 의사결정을 수행하는 태도이다. 이는 특히 회의 환경에서 중요한 역할을 수행한다. 지적 솔직함은 타인의 실수나 부족한 점을 지적하고, 자신의 견해를 솔직하게 표현하는 태도를 의미한다. 동시에, 자기 지식의 한계를 인정하고, 새로운 증거나 관점을 기꺼이 수용하며, 잘못된 점을 인정하고 수정할 수 있는 용기를 포함한다. 이처럼 지적 솔직함은 단순히 정직함을 넘어 객관성, 비판적 사고, 그리고 열린 마음을 포괄하는 광범위한 개념이다.

조직 내에서 지적 솔직함이 실천될 때, 문제에 대한 다각적인 접근이 가능해져 더욱 효과적인 해결책을 도출할 수 있다. 또한 편견이나 감정에 좌우되지 않는 객관적인 의사결정이 이루어져 회의 성과가 향상된다. 지적 솔직함은 지속적인 학습과 개선의 문화를 창출한다. 실수를 은폐하거나 비난하지 않고, 이를 통해 배우고 성장하는 태도를 장려함으로써 조직 전체의 역량이 꾸준히 향상될 수 있다.

"심리적 안전감은 가혹할 정도의 솔직함이 전제되어야 한다"는 주장은 일견 모순되어 보이나 상당한 타당성을 지닌다. **'가혹할 정도의 솔직함'은 표면적인 화합보다 깊은 신뢰를 형성하는 데 기여한다.** 모든 것을 있는 그대로 발언할 수 있는 환경에서, 구성원들은 자신의 취약점을 드러내는 것을 두려워하지 않게 된다. 이는 장기적으로 더욱 강력한 심리적 안전을 구축한다. 또한 솔직한 의견 교환은 문제를 조기에 발견하고 해결할 수 있게 하며, 이는 장기적으로 팀의 성과를 증진하고, 구성원들이 자신의 의견이 중요하다고 인식하게 하여 심리적 안전감을 강화한다. 그러나 '가혹할 정도의 솔직함'이 공격적이거나 비난하는 방식으로 표현되어서는 아니 된다. 대신, 상호 존중과 건설적인 의도를 바탕으로 한 솔직함이어야 한다.

회의에서 **지적 솔직함은 심리적 안전과 균형을 이루어야 한다.** 리더는 자유로운 토론 분위기를 조성할 수 있도록 심리적으로 느끼는 안전감의 수준을 높이는 한편, 틀리거나 모르는 것에 대하여 누구든지 주저하지 않고 의견을 표현할 수 있도록 지적 솔직함의 수준을 높이는 **두 가지 역량을 습득해야 한다.**

결론적으로, 지적 솔직함은 단순히 개인의 태도를 넘어 조직 전

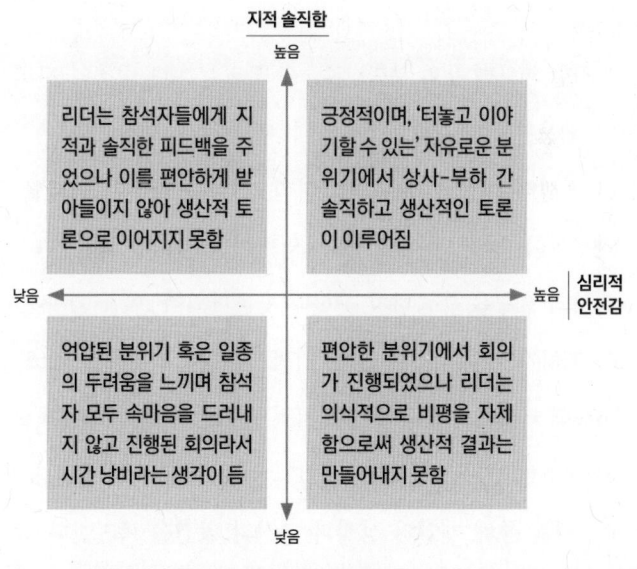

심리적 관점 회의 분석 : 심리적 안전감과 지적 솔직함

체의 성장과 발전을 견인하는 중요한 가치이다. 리더는 이러한 지적 솔직함이 발현될 수 있는 환경을 조성하는 데 적극적으로 나서야 하며, 이는 곧 조직의 회복탄력성과 혁신 역량을 강화하는 길이다.

건설적인 비평은 장려되어야 하지만, 이는 타인을 존중하는 방식으로 이루어져야 한다. **'지적 솔직함'이 장려되는 조직문화를 정착시키기 위해서는 리더의 역할이 매우 중요하며, 이를 확보하기 위한 리더의 실천 방안은 다음과 같다.**

- **솔직한 피드백 문화 구축**: 'Keeper Test'는 넷플릭스의 관리자가 팀 구성원을 평가하는 방식으로 활용된다. 핵심 질문은 "만약 이 직원이 내일 회사를 떠난다면, 전력을 다하여 만류할 것인가?"이다. 만약 "아니오"라는 답변이라면 해당 직원은 더 이상 회사의 요구를 충족하지 못한다고 판단되며, 이를 기반으로 퇴사 조치가 이루어질 수 있다. **지적 솔직함은 Keeper Test와 같은 피드백 과정에서 필수적이다.** 지적 솔직함은 관리자가 객관적이고 투명한 평가를 내리고, 책임감 있는 결정을 할 수 있도록 하며, 이를 통해 개인의 성장과 조직의 발전을 촉진한다. Keeper Test의 개념은 회의 참석자들의 기여도를 평가하고, 회의의 효

율성과 효과성을 높이기 위한 도구로도 활용될 수 있다. 회의 참석자들이 회의에 기여한 정도, 회의에 긍정적인 부분과 개선이 필요한 부분은 무엇인지 등에 대하여 솔직한 피드백을 얻을 수 있다면, 참석자들은 자신의 역할을 명확히 인지하고 다음 회의에서 더욱 나은 기여를 할 수 있을 것이다.

- **리더 위치가 지니는 권력과 문제점 인식**: 계층 구조가 존재하는 조직에서 리더는 일정 수준의 권한과 영향력을 갖는다. 따라서 리더의 주장은 그의 직위로 인해 자연스럽게 힘을 얻게 되며, 우선시될 가능성이 존재한다. 리더는 자신의 주장을 정당화하거나 검증할 필요성을 느끼지 않아 회의 참석자들의 새로운 아이디어나 비판적 사고가 억제될 수 있다. 그러므로 리더는 자신의 직위가 부여하는 영향력을 명확히 인식하고, 자신의 의견이 팀에 미치는 영향을 지속적으로 관찰하여야 한다. 자신의 주장에 대하여 참석자들의 검증을 요청하거나, 반대 의견을 장려하는 것 또한 좋은 방법이다. 훈련된 리더들은 회의 진행 시 다른 참석자의 의견을 먼저 경청하고 의도적으로 자신의 의견을 마지막에 제시함으로써 의식적인 권력 균형을 맞추는 노력을 한다.
- **다양한 관점 요청**: 특정 주제에 대하여 다양한 시각을 요청하여

편견을 줄이고, 폭넓은 논의를 유도하여야 한다. "이 문제에 대하여 다른 시각을 지닌 분이 계신가요?", "우리가 고려하지 못한 다른 접근 방식이 있을까요?", "이 상황을 다른 부서나 팀의 처지에서 본다면 어떤 의견이 나올 것으로 예상됩니까?", "지금까지 나온 의견과 반대되는 관점을 제시해 주실 분 계신가요?", "이 상황에 대해 우리 고객/사용자들은 어떻게 생각할 것으로 예측됩니까?" 등은 다양한 관점을 요청하기 위한 효과적인 질문의 예시이다.

- **솔직함의 모범 보이기**: 리더는 모르는 것, 틀린 것, 고민되는 것에 대하여 인정하거나 솔직한 태도를 보이는 것에 주저하지 말아야 한다. 솔직함은 팀원들과의 신뢰를 형성하는 데 기여한다. 리더가 완벽하지 않음을 인정할 때, 팀원들은 더욱 편안하게, 그리고 더욱 솔직하게 소통할 수 있게 된다. "회의문화 개선 방안에 대해 지속적으로 고민하고 노력하고 있으나 아직 확실한 진전은 없습니다", "이 기술적 문제에 대해서는 김 책임이 저보다 더 전문가입니다. 김 책임, 이 문제에 대한 당신의 견해를 들려주시겠습니까?", "이 결정에 대해 아직 확신이 서지 않습니다. 각자의 의견을 경청하고 싶습니다. 우리가 고려해야 할 요소들은 무엇일까요?"와 같은 질문들은 회의에서 지적 솔직함의

수준을 높일 뿐만 아니라 문제에 대한 더욱 나은 해결책을 모색할 수 있게 한다.

지적 솔직함은 회의의 질을 높이고 조직의 성장을 촉진하는 핵심 요소이다. 리더가 솔직한 피드백 문화를 조성하고, 자신의 권력을 인식하며, 다양한 관점을 요청하고, 솔직함의 모범을 보이는 등의 노력을 통해 지적 솔직함이 장려되는 조직문화를 구축할 수 있다. 지적 솔직함을 실천하는 것은 단기적으로는 불편함을 초래할 수 있으나, 장기적으로는 조직의 건강성과 경쟁력을 크게 향상할 수 있는 강력한 도구이다. 따라서 리더들은 지적 솔직함을 조직문화의 핵심 가치로 삼고, 이를 일상적인 회의와 의사결정 과정에 적극적으로 통합해야 할 것이다.

Key Questions

- 리더로서, 혹은 팀원으로서 당신이 마지막으로 회의에서 '모른다'고 인정했거나 실수를 공개적으로 시인한 때는 언제인가? 그 경험이 팀의 분위기와 결과물에 어떤 영향을 미쳤나?

- '넷플릭스의 Keeper Test'와 같은 솔직한 피드백 시스템을 우리 조직 회의에 적용한다면 어떤 변화가 일어날 것 같은가? 예상되는 장단점은 무엇인가?

- 우리 조직에서 다양한 관점을 요청하고 수용하는 문화를 만들기 위해 어떤 구체적인 행동을 시작할 수 있을까? 이러한 변화가 의사결정 과정과 결과에 어떤 영향을 미칠 것으로 예상하는가?

- 리더가 회의에서 자신의 권력을 인식하고 이를 적절하게 관리하는 것이 왜 중요한지, 그리고 이를 실천할 방안은 무엇인가?

10

회의에서 생산적인 토론을 활성화하려면 무엇이 필요한가?

많은 조직이 회의문화 개선을 추구할 때, 공통으로 지향하는 바는 '토론 중심의 회의'이다. 이는 다양한 관점과 아이디어를 통해 문제 해결과 의사결정을 촉진할 수 있으며, 회의 참석자들의 참여와 동기 부여를 증진할 수 있기 때문이다. 특히, 자신의 의견이 반영되는 과정을 통해 결정 사항에 대한 수용도가 향상된다는 점이 중요한 요소로 작용한다. 그러나 생산적인 토론을 이끄는 일은 결코 쉬운 일이 아니다. 실무에서 이 과정이 어려운 이유 중 하나는 **'훌륭한 토론 경험'을 지닌 사람이 많지 않다는 점**이다. 성공적인 토론을 위해서는 모든 회의 참석자가 토론을 이끄는 방법을 이해해야 한다. 누군가는 회의 진행자로서 토론을 주도하고, 다른 누군가는 조력자로서 토론을 지원할 수 있다. 회의 진행자뿐 아니라 모든 참석자가 '숨은 조력자' 역할을 수행할 수 있으며, 예를 들어 발표자의 의견에 대한 추가 질문을 통해 논의를 심화시키거나, 특정 참석자에게 의견을 물어 참석자들이 고루 의견을 제시하도록 도울 수 있다.

- **명확한 회의 목적 및 목표 설정**: 회의의 목적과 목표를 명확히 설정하는 것은 토론을 활성화하는 데 필수적이다. 참석자들이 공감하지 못하는 회의에서는 활발한 토론이 발생하기 어렵다. 목적과 목표가 불분명한 회의는 오히려 비생산적일 수 있다. 특히, 회의의 목적이 단순히 리더가 조직이나 팀의 상태를 파악하기 위한 것이라면, 해당 회의는 개최하지 않는 것이 바람직하다. 토론 중심의 회의를 기대하려면 명확한 목적과 목표가 설정되어야 한다.
- **질문형 회의 안건**: 회의 안건을 질문형으로 작성하면 참석자들이 적극적으로 사고하고, 자신의 의견을 제시하도록 유도할 수 있다. 실제로, 회의문화 개선을 위한 리더 코칭을 진행하면서

회의 안건을 명확하고 구체적인 질문으로 변경한 후 토론이 활성화된 사례를 여러 차례 경험한 바 있다. 이러한 접근 방식은 참석자들이 주제를 깊이 있게 이해하고, 보다 적극적으로 참여하도록 유도한다. 다만, 질문의 수는 적절하게 조절하여야 하며, 특정 답변을 유도하지 않도록 중립성을 유지해야 한다. 또한, 참석자들이 안건을 사전에 공유하여 충분히 준비할 시간을 가질 수 있도록 해야 한다.

- **주도하기보다 위임하라**: 일부 리더는 모든 문제를 스스로 해결하려는 '메시아 콤플렉스'를 지니는 경향이 있다. 이는 리더가 의사결정과 주도권을 독점하게 만들고, 참석자들이 적극적으로 의견을 제시하기보다는 리더의 답변을 기다리게 만든다. 이러한 리더십은 오히려 참석자들이 자신의 의견에 대한 자신감을 상실하게 한다. 리더는 모든 결정을 홀로 내리는 부담감을 경감시키고, 토론의 조력자이자 아이디어 연결자 역할을 수행해야 한다. 권한 위임과 책임 분담을 통해 팀원들의 능동적인 참여를 유도하는 것이 중요하며, 이는 궁극적으로 리더의 부담을 줄이고 조직의 창의성을 증진한다.
- **침묵의 원인 규명**: 회의에서 침묵은 크게 심리적 안정감, 개인적 성향, 그리고 조직문화 및 환경이라는 세 가지 측면에서 발생한

다. 지식이나 경험 부족으로 인한 자신감 결여, 제시할 의견이 없거나 부적절하다고 스스로 판단하는 경우, 발언에 익숙지 않은 내향적 성격, 혹은 이미 답이 정해져 있다고 생각하는 경우, 결국 상사의 의견대로 결정될 것이라고 예상하는 경우, 자신의 발언으로 가치가 평가될 것이라고 여기는 경우, 의견 제시 후 실행 책임까지 맡게 될 것을 우려하는 경우, 잦은 회의로 인한 심리적 피로감 등 무수히 많은 이유가 존재한다. 회의 주관자인 리더는 이러한 침묵의 근본 원인을 파악하고 해결해야 한다. 참석자들과 개별적으로 솔직한 대화를 나누거나 회의 전 특정 주제에 대하여 회의에서 의견을 제시할 것을 미리 요청하는 것 또한 효과적인 방안이다. 근본적인 원인 해결 없이는 표면적인 침묵 해소는 불완전할 수밖에 없다.

- **침묵을 전략적으로 활용**: 다수의 사람이 모인 회의에서 참석자들이 침묵하며 각자 아이디어를 구상하는 회의 방식이 활발한 토론의 회의보다 더 좋은 결과를 만들어낸다는 연구 결과도 존재한다. 이는 타인을 의식할 필요가 없고 그들에 의해 사고의 흐름이 방해받는 경우가 없기 때문이다. 아마존이 회의 시작 전 침묵의 시간을 갖는 독특한 회의 방식이 많은 호응을 얻는 이유 또한 여기에 있다. 회의 시작 전 또는 발표와 논의가 분리된 회

의 구조인 경우, **5분 혹은 10분 동안 논의 주제에 대하여 각자 아이디어를 도출하고 정리하는 기회를 부여하는 새로운 회의 방식을 시도**해 볼 것을 권한다. 이 '사고의 시간'은 참석자 개개인의 깊이 있는 성찰을 가능하게 하여, 이후의 토론에서 더욱 풍부하고 질 높은 의견이 개진되도록 돕는다. 침묵은 단순한 공백이 아니라, 창조적 사고를 위한 필수적인 전제 조건임을 인지하는 것이 중요하다.

- **부서만의 회의 그라운드 룰 제정**: 건설적이고 생산적인 토론을 촉진하거나 이를 방해하는 요인을 제거하는 데 초점을 맞춘 부서만의 회의 그라운드 룰Ground Rules을 제정해야 한다. "충분한 토론 없이 성급한 결론을 내리지 않는다", "직급이나 경력에 관계없이 모든 의견은 동등하고 중요하게 간주한다", "타인의 의견에 덧붙여 발전시키는 예스-앤드Yes-And 규칙을 준수한다", "논의 주제에서 벗어난 아이디어는 '주차장Parking Lot'에 기록해 두고 나중에 논의한다", "모두의 동의를 경계한다", "남과 다른 의견이나 조언을 제시하는 데 주저하지 않는다" 등은 좋은 예시들이다. 이러한 명문화된 규칙은 회의 참여자들에게 명확한 지침을 제공하여 예측 가능한 환경을 조성하며, 이는 자유롭고 생산적인 토론 문화를 정착시키는 데 핵심적인 역할을 한다.

생산적인 토론 문화를 구축하는 것은 단순히 몇 가지 기술적 요소를 적용하는 것을 넘어, 조직 구성원 전체의 인식 변화와 리더의 적극적인 실천이 요구되는 복합적인 과제이다. 위에서 제시된 전략들을 체계적으로 도입하고 지속적으로 보완함으로써, 회의는 단순한 의례를 넘어 조직의 성장과 혁신을 이끄는 강력한 동력으로 작용할 수 있을 것이다.

Key Questions

- 우리 조직에서 '토론 중심의 회의'가 잘 이루어지고 있는가? 만약 그렇지 않다면, 주된 장애 요인은 무엇인가?

- 회의에서 모든 참석자가 '숨은 조력자' 역할을 할 수 있도록 어떻게 독려할 수 있을까?

- 우리 조직에서 회의 참석자들이 침묵하는 주된 이유는 무엇이며, 이를 어떻게 해결할 수 있을까?

- 효과적인 토론을 위한 회의 그라운드룰을 만든다면, 우리 조직에 가장 필요한 규칙은 무엇일까? 그 이유는 무엇인가?

11

회의의 성패를 가르는 커뮤니케이션 스킬, 어떻게 숙련될 수 있을까?

효과적인 커뮤니케이션은 단순히 유창한 언변이나 긍정적인 분위기 조성 기술을 넘어선다. 특히 비즈니스 현장에서의 커뮤니케이션은 **명확한 목적을 지니며, 대화를 통해 공동의 이해를 형성하고 합의된 행동을 끌어내어 구체적인 성과를 창출하는 '목적 지향적 Purpose-Oriented' 특성을 갖는다.** 대화가 그저 대화로 끝나지 않고, 측정 가능한 결과로 이어지게 하는 힘, 이것이 바로 진정한 커뮤니케이션 역량의 핵심이다.

이러한 목적 지향적 커뮤니케이션은 **세 가지 핵심 능력의 유기**

적인 결합으로 완성된다. 타인의 메시지를 정확히 이해하고 수용하는 **경청**Listening, 자신의 의견과 정보를 명확하게 표현하는 **전달**Conveying, 그리고 대화의 결과를 책임감 있게 관리하고 완성하는 **확인**Tracking이다. 이상적인 커뮤니케이션에서는 이 세 요소의 시간 배분 비율이 70:20:10으로 알려져 있을 만큼 듣고Listen, 말하고Convey, 확인하는Track 과정의 균형이 중요하다.

경청Listening

경청은 효과적인 커뮤니케이션의 근간이다. 사람들은 자신의 말을 진지하게 들어줄 때 존중받고 있다고 느끼며, 심지어 어려운 대화에서도 더 큰 만족감을 얻는다. **적극적 경청은 공감, 수용, 인내심을 포함하는 행동으로 나타난다.** 적극적으로 경청하는 이들이 공통으로 보이는 행동 특성은 다음과 같다.

- 발언자와 적절한 눈 맞춤을 유지하여 집중하고 있음을 보여준다.
- 발언자의 말을 중간에 끊지 않고 끝까지 경청한다.
- 이해가 어려운 부분에 대해 적절한 시점에 질문을 던진다.

- 발언자의 말을 자신의 말로 다시 정리하여 확인하는 패러프레이징을 수행한다.
- 발언자의 감정 상태를 인지하고 이에 대해 공감을 표현한다.
- 발언자가 생각을 정리할 시간이 필요할 때 편안한 침묵을 유지한다.
- 즉각적인 평가나 비판을 자제하고 먼저 충분히 이해하려 노력한다.
- "음", "네" 등 짧은 반응어로 듣고 있음을 표현한다.
- "그렇군요", "이해합니다" 등의 말로 공감을 나타낸다.
- 긴 발언이 끝난 후 주요 내용을 요약하여 이해도를 확인한다.
- 발언 내용을 바탕으로 깊이 있는 후속 질문을 한다.
- 목소리 톤, 말의 높낮이, 눈 맞춤, 자세, 표정, 제스처 등 비언어적 커뮤니케이션을 적절히 활용한다.

▶ 경청 역량 향상을 위한 실천 가이드

- **'3초의 침묵'을 연습하라**: 상대방의 말이 끝나자마자 대답하려는 충동을 참고, 속으로 셋을 센 뒤 입을 여는 연습을 시도하라. 이 짧은 시간 동안 상대의 말을 온전히 처리하고, 성급한 끼어들기

를 방지할 수 있다. 이는 상대방에 대한 존중을 표현하고, 더 사려 깊은 답변을 준비하는 데 기여한다.

- **'반박이 아닌 이해를 위한 메모'를 수행하라**: 회의 중 메모를 할 때, 자신의 발언 내용을 정리하기 위해서가 아니라 상대방의 핵심 단어와 논지를 파악하기 위한 목적으로 기록하라. 이는 자신의 초점을 '말하기'에서 '듣기'로 전환하는 강력한 훈련이다. 즉, 상대방의 의도와 메시지의 본질을 파악하는 데 집중함으로써 오해를 줄이고 깊이 있는 대화를 가능하게 한다.
- **'가사'가 아닌 '음악'을 들으려 노력하라**: 상대방이 사용하는 단어(가사)뿐만 아니라, 그 말을 할 때의 목소리 톤, 속도, 표정(음악)에 의식적으로 집중하라. "저 말을 할 때 왜 목소리가 빨라졌을까?"라고 자문하는 것만으로도 숨겨진 의도와 감정을 파악하는 능력이 향상된다. 비언어적 신호를 통해 상대방의 진정한 메시지를 읽어내는 것은 탁월한 경청의 핵심 요소이다.

전달 Conveying

메시지를 전달하는 과정에서 언어적, 비언어적 요소가 모두 중요하다. 적절한 단어와 어휘를 선택하는 것뿐만 아니라 제스처, 표정, 목소리 톤 등 비언어적 메시지도 중요하게 작용한다. 효과적인 전달을 위해 다음과 같은 요령을 따를 수 있다.

- 메시지 목적과 내용을 명확히 하고, 전달 도구를 철저히 준비한다.
- 메시지를 논리적이고 일관된 순서로 구조화한다.
- 전달하고자 하는 핵심을 강조하여 상대방이 놓치지 않도록 한다.
- 데이터, 예시 등을 활용하여 메시지를 보강한다.
- 메시지의 결론을 명확히 하여 상대방이 중요 내용을 기억하도록 한다.
- 상대방이 이해할 수 있는 언어를 사용한다.
- 간결하게 발언하며, 자신감 있게 전달한다.
- 제스처나 목소리 변화 등을 통해 흥미를 유도한다.
- 피드백을 수용하고 반복 훈련을 통해 개선한다.

▶ 전달 역량 향상을 위한 실천 가이드

- **'PREP' 구조로 발언하는 습관을 들여라**: 갑작스러운 질문을 받았을 때, Point(핵심 결론) → Reason(이유) → Example(사례/근거) → Point(결론 강조) 순서로 답변하는 연습을 시도하라. 이는 짧은 시간 안에 놀랍도록 논리 정연하게 의견을 전달할 수 있게 한다. 이러한 구조화된 사고는 복잡한 내용도 명확하게 전달하는 데 효과적이다.
- **1분 스피치를 녹음하여 경청하라**: 스마트폰을 활용하여 특정 주제에 대해 1분간 설명하는 자신의 모습을 녹화하고 다시 시청하라. 자신이 자주 사용하는 불필요한 단어(음, 아, 뭐랄까), 불안정한 시선 처리, 자신감 없는 말투 등을 객관적으로 파악하고 개선하는 데 이보다 좋은 방법은 없다. 자기 객관화는 전달 역량 향상의 필수적인 과정이다.
- **보고서나 이메일을 발송하기 전 '10살 아이 테스트'를 실시하라**: "이 내용을 10살 아이도 이해할 수 있을까?"라고 자문해 보는 것이다. 이는 전문 용어나 복잡한 문장을 피하고, 누구나 이해할 수 있는 쉽고 명확한 언어로 핵심을 전달하는 능력을 길러준다. 명확하고 간결한 전달은 오해의 소지를 줄이고 메시지의 효

과를 극대화한다.

확인 Tracking

경청과 전달이 성공적인 **'대화의 순간'을 창조하는 기술이라면, 확인은 그 대화가 책임감 있는 '결과'로 이어지도록 관리하는 능력이다.** 이는 단순히 대화의 흐름을 파악하는 것을 넘어, 상호 합의된 사항에 대해 명확히 약속하고, 진행 과정을 지속적으로 확인 및 공유하며, 최종적으로 책임감 있게 마무리하는 전 과정을 포괄한다. 확인은 한 번의 대화를 점點이 아닌, 성과라는 목적지까지 이어지는 선線으로 만드는 핵심적인 스킬이다. 확인을 잘 수행하는 사람은 다음의 특성을 보인다.

- 대화 마지막에 논의된 핵심 내용과 결정 사항을 요약하여 상호 이해를 점검한다.
- 결정된 사항에 대해 **"누가, 무엇을, 언제까지"** 할 것인지 구체적인 실행 계획 Action Item 을 명확히 합의한다.
- 구두 합의에 그치지 않고, 회의 직후 이메일이나 메시지로 합의된 내용을 기록하여 공유한다.

- 업무 진행 과정에서 발생하는 변동 사항이나 이슈를 관련자들에게 즉시 공유하고 논의를 시작한다.
- 약속된 마감일이나 중간 점검 시점에 맞춰 진행 상황을 먼저 확인하고 공유하는 습관을 지닌다.
- 모호한 부분에 대해서는 "알아서 하겠지"라고 생각하지 않고, 구체적인 질문을 통해 명확히 한다.
- 모든 과업이 완료되면, 그 결과를 공식적으로 공유하고 모든 과정을 책임감 있게 마무리한다.

▶ 확인 역량 향상을 위한 실천 가이드

- 회의가 끝나기 전 'W.W.W. 요약'을 수행하라: 회의나 논의가 마무리될 때, 용기를 내어 "그러면 정리해 보겠습니다. Who(누가), What(무엇을), by When(언제까지) 하기로 한 것이 맞을까요?"라고 요약하고 확인하는 역할을 자처하라. 이 간단한 행동 하나가 팀 전체의 실행력을 극적으로 높인다. 이는 책임 소재를 명확히 하고, 후속 조치의 누락을 방지하는 효과적인 방법이다.
- '2분 팔로업'을 습관화하라: 구두로 무언가 합의하였다면, 그 직후 2분만 투자하여 "방금 논의된 내용 요약입니다"라는 제목으

로 간단한 이메일이나 메시지를 발송하라. 이는 오해의 소지를 없애고, 책임감의 무게를 더하는 가장 확실한 방법이다. 공식적인 기록은 모든 관계자에게 명확한 기준을 제시한다.

- **자신의 달력에 '확인 약속'을 설정하라**: 동료에게 업무를 요청하거나 협업을 시작할 때, 그 즉시 자신의 달력에 '○○님 진행 상황 중간 확인'과 같이 마감일 전 중간 날짜에 미리 알림을 설정해 두라. '나중에 챙겨야지'라는 막연한 생각은 시스템적인 접근을 이길 수 없다. 체계적인 관리는 누락 없는 업무 진행과 성과 달성을 위한 필수 요소이다.

효과적인 비즈니스 커뮤니케이션은 단순한 기술을 넘어, 목적 지향적 사고와 경청, 전달, 확인이라는 세 가지 핵심 역량의 유기적 통합으로 완성된다. 이 세 가지 역량을 균형 있게 발전시키고 실천함으로써, 조직은 단순한 대화를 넘어 실질적인 성과를 창출하고 지속적인 성장을 이룩할 수 있다. 결국, **커뮤니케이션은 조직의 생존과 번영을 위한 필수적인 전략 도구임을 인식하고, 모든 구성원이 이 역량을 강화하는 데 주력하여야 한다.**

Key Questions

- 당신이 회의 참여 시 경청, 전달, 확인의 시간 배분 비율은 어떠한가? 이상적인 비율인 70 : 20 : 10에 얼마나 가까운지, 그리고 이를 개선하기 위해 어떤 노력을 할 수 있을까?

- 회의에서 당신이 가장 개선하고 싶은 커뮤니케이션 스킬은 무엇이며, 이를 향상하기 위해 어떤 구체적인 전략을 세울 수 있을까?

- 비언어적 커뮤니케이션이 회의의 효과성에 미치는 영향에 대해 어떻게 생각하는가? 당신의 비언어적 커뮤니케이션 스킬을 개선하기 위해 어떤 방법을 시도해 볼 수 있을까?

- 회의에서 발생하는 감정적 긴장 상황을 경험한 적이 있는가? 이러한 상황에서 효과적으로 대처하기 위해 확인(Tracking) 능력을 어떻게 활용할 수 있을까?

12

회의에서 문제 해결과 기회 발견, 그 균형은 어떻게 잡아야 하는가?

2023년 A사 임원 7인을 대상으로 진행된 회의문화 개선 코칭 프로젝트의 최종보고서에는 "회의에서 혁신 기회를 발견하고, 미래를 위한 시간을 할애해야 한다"는 제언이 포함되어 있었다. 코칭 대상자 모두의 회의를 분석한 결과, 모든 회의가 기회 탐색보다는 문제 해결에, 조직의 강점보다는 약점에 초점을 맞추고 있음을 확인할 수 있었다. 더욱이 대부분의 회의는 질문을 던지거나 자신의 아이디어를 제시하기보다 상황을 보고하고 상사가 의사결정을 내리는 방식으로 진행되었다. 기술 관련 업무의 특성상 전문가에 의존하는 전통적인 문제 해결 방식이 업무의 기본 형태이기는 하나, '혁신'이 조직의 핵심 전략 과제인 상황에서 이러한 회의 관행은 혁신의 가능성을 가로막는다는 판단에 따라 해당 제언을 하게 되었다.

상황을 개선하기 위해 잘못된 것을 먼저 고치는 것은 직관적으로 타당해 보인다. 그러나 <u>문제 중심의 관념에 매몰되면 질문을 던지는 행위가 종종 방해받게 된다</u>. 문제 해결의 종말을 주장하는 것은 아니다. 문제 해결이 마치 '유일한 선택'으로 굳어지고 이를 과용한다면 조직이 위험에 처할 수 있음을 경고하는 것이다. 문제 해결 방식의 과용이 의미하는 바는 누군가에 의해 의도된 바는 아닐지라도, 그로 인한 긍정적인 결과들이 점차 사라지고 있다는 것이다. 문제에 대한 해법을 끊임없이 추구하는 회의에서는 "이 문제는 도대체 왜 해결되지 않는가?", "이 문제는 누가 책임져야 하는가?", "인력이 부족하여 이 문제를 해결하기 어렵다"와 같은 결핍 위주의 대화가 빈번하게 목격된다.

문제 해결은 복잡한 전체를 작은 부분들로 분해하는 것에서 시작하기 때문에, 구성원들을 세분된 영역의 전문가로 만들고, 시스템적 사고가 아닌 '동굴 시야'를 갖게 한다. 즉, 부분적 상황에 대한 자신의 관점을 옳은 것으로 확신하게 되어 자기중심적이고 배

타적인 언어를 사용하게 되며, 이는 개인 간, 부서 간 분열 현상을 일으킨다. 문제 해결이 전문성을 존중하는 것은 문제가 되지 않는다. 그러나 이를 반복적으로 수행한다면 이러한 마인드셋은 모든 비전문가, 즉 대다수의 조직 구성원이 전문가와 상급자에게 과도하게 의존하게 만들고, 그들 나름의 질문을 던지거나 자기 아이디어를 제안하기보다, 선택된 소수의 전문가나 상급자가 방향을 제시하고 해법을 제공하기를 기다리게 된다. 다수가 소수에게 의사결정과 주도권을 발휘해 주기를 기다리는 상황은 구성원들의 혁신적 사고 역량과 자신감을 침해하는 행위이다. 구성원들은 자신의 사고가 문제 해결이나 바람직한 상태에 어떻게 기여할 것인가를 자문하기보다 자기 입장을 방어하는 데 급급하게 되며, '잘하는 것'보다 '좋게 보이는 것'에 많은 관심을 쏟게 된다. 이는 아지리스 Argyris가 말한 **'숙련된 무능'의 달인이 되는 길**이다. 즉, 학습과 실패에 수반되는 위험으로부터 자신을 보호하고, 그로 말미암아 학습과 변화의 필요성에 눈을 감아버리는 우를 범하는 전문가가 되는 것이다. 이러한 환경에서는 창의적이고 도전적인 아이디어가 발현되기 어려우며, 조직은 결국 정체될 수밖에 없다.

혁신 기업으로 알려진 한 글로벌 제약회사의 최고경영자CEO는 그들의 성공이 **'매월 마지막 주 월요일 회의'** 때문이라고 언급한 바 있다. 조직 내부 이슈, 문제 해결, 리스크 관리 등을 다루는 매주 정례 회의와 달리, 매월 마지막 주 월요일 회의는 철저히 문제 해결보다는 **기회 발견에, 조직의 약점보다는 강점 활용에 초점을 맞춘 회의**였다고 한다. 이 회의에서는 현재의 어려움보다는 미래의 가능성과 잠재력을 논의하고, 어떻게 하면 조직의 강점을 극대화하여 새로운 가치를 창출할 수 있을지 집중적으로 탐구하였다. 이는 참석자들이 더 창의적이고 긍정적인 사고를 할 수 있도록 유도하였으며, 다양한 아이디어들이 자유롭게 개진되는 분위기를 조성하였다. 결국, 진정한 혁신과 발전은 현재의 문제를 해결하는 데서 그치지 않고, 미래의 가능성과 기회를 찾는 데서 시작된다는 점을 명확히 보여준다.

다시 한번 강조하건대, **회의는 조직문화의 축소판이자 거울**이다. 회의를 자세히 들여다보면 조직의 의사소통 패턴, 리더십 스타일, 혁신에 대한 태도 등 다양한 문화적 요소들이 회의실 안에서 고스란히 드러난다. 회의문화를 개선하기 위해서 이러한 문화적 연결고리를 간과하거나 놓치는 우를 범해서는 안 된다. 혁신이 조직의 중요한 가치라면 회의문화 또한 이러한 방향으로 변화해야 한다.

문제 해결은 물론 중요하지만, 그것이 전부가 되어서는 안 된다. **기회를 발견하고, 강점을 활용하며, 미래를 그려 나가는 회의.** 이

것이 바로 혁신을 이끄는 열쇠가 될 것이다. 리더는 이러한 새로운 회의 패러다임을 적극적으로 수용하고, 구성원들이 문제 해결의 틀에 갇히지 않고 확장된 사고를 할 수 있도록 지원해야 한다. 이는 단순히 회의 방식을 바꾸는 것을 넘어, 조직의 근본적인 사고방식과 문화를 혁신하는 과정에 해당한다. 궁극적으로 이러한 변화는 조직의 경쟁력을 강화하고 지속 가능한 성장을 위한 발판을 마련할 것이다.

조직의 진정한 혁신은 현재의 문제 해결을 넘어, 미래의 기회를 탐색하고 강점을 활용하는 회의문화에서 비롯된다. 리더는 문제 중심의 사고에서 벗어나 기회 발견을 위한 논의의 장을 마련함으로써, 구성원들의 창의적 사고를 촉진하고 조직 전체의 성장 동력을 확보해야 한다.

Key Questions

- 우리 조직의 회의는 문제 해결과 기회 발견 중 어느 쪽에 더 치우쳐 있는가? 그 이유는 무엇인가?

- 회의문화가 조직의 전반적인 문화를 반영한다면, 우리 회의문화에서 개선이 필요한 부분은 조직문화의 어떤 측면을 나타내고 있을까?

- 우리 조직에서 '숙련된 무능'이 나타나고 있지는 않은가? 이를 극복하기 위해 어떤 노력이 필요할까?

- 혁신을 위한 특별한 회의 시간을 따로 마련하는 것이 우리 조직에도 도움이 될까? 어떤 방식으로 운영하면 좋을까?

13

팀 리추얼을 회의에 적용하면 조직문화에 어떤 변화가 일어나는가?

팀 리추얼 Team Rituals은 특정 목표 달성을 위해 단위 조직이 규칙적으로 수행하는 작지만 실질적인 팀 활동을 지칭한다. 매번 회의문화 개선 프로젝트에서 국내외 기업들이 회의에 적용한 다양한 팀 리추얼 사례를 소개하고, 각 조직의 특성과 환경에 적합한 팀 리추얼을 개발하여 회의에 적용할 것을 권장해 왔다. 생산적인 회의는 단순히 정교화된 프로세스나 규칙만으로는 이루어지지 않는다. 이러한 프로세스나 규칙이 생명력을 갖추어 모든 회의에 자연스럽게 스며들어 조직문화의 일부가 되기 위해서는 회의 참석자들의 생각과 행동에 지속적으로 영향을 미칠 수 있는 팀 리추얼의 제정이 필수적이다. 팀 리추얼은 일상적으로 반복 실행될 때 자연스럽게 조직문화의 일부가 될 수 있어, 회의문화 혁신을 통해 조직문화 개선을 도모하고자 하는 조직에게 강력한 도구가 될 수 있다. 이는 단순히 회의의 효율성을 높이는 것을 넘어, 조직의 핵심 가치를 내재화하고 구성원들의 행동을 긍정적인 방향으로 유도하는 데 결정적인 역할을 수행한다.

구글의 최고 혁신 전도사로 불리는 프레데릭 페르트 박사$^{Dr.}$ $^{Frederik\ G.\ Pferdt}$는 팀 리추얼의 중요성을 다음과 같이 역설한다.

"모든 성공적인 기업들은 각자만의 리추얼을 보유하고 있으며, 리추얼의 힘을 적극적으로 활용하고 있다. 이는 작은 행동에 불과하지만, 조직의 가치와 문화를 구체화하는 데 매우 강력한 수단으로 작용할 수 있다. 30일 정도만 특정 리추얼을 만들어 시행해도 전체적인 기업 문화가 변화할 수 있다. 수 세기 동안 인간은 일상에서 반복적으로 행해지는 작은 실체적 행동의 힘을 이해해 왔다. 이제는 이러한 행동이 어떻게 조직이나 팀을 효과적으로 이끌 수 있는 새로운 문화적 알고리즘을 창출할 수 있는지 더욱 면밀히 주목할 필요가 있다."

이처럼 규칙적으로 수행되는 팀 리추얼은 팀원들이 따를 수 있는 명확한 규칙과 관습을 형성함으로써 조직 내 가치와 신념이 깊이 뿌리내리도록 돕는다. '긍정적 조직문화' 만들기의 주요 실천 과제로 '의미 있는 실패', '감사 문화', '칭찬 문화'를 설정한 어느 기업에, 회의 시작 시 각 부문에서 최근 경험한 탁월한 업무 성취, 구성원의 헌신적인 노력, 의미 있는 실패 등을 발굴하여 사례를 공유하고 칭찬과 격려를 하는 회의 내 프로세스를 팀 리추얼로 제안하였다. 이 팀 리추얼은 현재 조직 내 리더들의 적극적인 지지를 받으며 성공적으로 실행되고 있다. 이는 팀 리추얼이 추상적인 가치를 구체적인 행동으로 전환하고, 이를 통해 긍정적인 조직 분위기를 조성하는 데 얼마나 효과적인지를 보여주는 명확한 사례이다.

다수의 선진 기업은 팀 리추얼을 통해 조직문화를 강화하고 생산성을 향상하는 데 성공하였다. 페이스북의 엔지니어링팀은 핵심 기업 가치인 'Moving Fast'(빠른 실행)의 내재화 및 실천 가속화를 위해 **정오 15분 스탠드업 미팅**을 팀 리추얼로 정하였다. 이 짧은 시간 동안 팀원들은 각자의 진행 상황과 당면 과제를 신속하게 공유하며, 즉각적인 피드백과 협업을 통해 업무 속도를 높이는 데 기여한다. 시스코는 구성원들의 강점 발휘와 업무 몰입 지원을 목표로 "지난주 업무 중 자신이 하고 싶은 일, 혹은 장점을 발휘할 기회가 있었습니까?", "리더인 제가 도울 수 있는 것이 무엇입니까?"와 같은 Check-in Questions로 회의를 시작한다. 이러한 질문은 팀원들이 자신의 강점을 인식하고 발휘할 기회를 탐색하며, 리더와의 소통을 통해 필요한 지원을 요청하도록 독려하여 업무 만족도와 몰입도를 높이는 데 효과적이다. 아마존의 '**6 페이저** 6-pager' 문서 작성 및 '침묵의 정독'과 같은 리추얼도 잘 알려진 사례이다. 6 페이저 문서는 회의 전에 핵심 내용을 6페이지 분량의 문서로 작성하여 모든 참석자가 미리 숙지하도록 하며, 회의 시작 시 약 10분간의 침묵 속에서 이 문서를 정독하는 시간을 갖는다. 이는 회의 중 즉흥적인 논의를 지양하고, 모든 참석자가 충분히 숙고한 후 심도 있는 토론에 참여하도록 유도하여 의사결정의 질을 높이는 데 기여한다.

국내외 기업에서 많이 활용되고 있는 이러한 팀 리추얼의 사례들은 팀원 간의 공동 경험을 축적하여 팀워크를 강화하고, 상호 신뢰를 구축하는 데 도움을 준다. 결국, 회의에 팀 리추얼을 적용하는 것은 조직의 다양한 측면에서 긍정적인 영향을 미쳐 조직문화를 강화하고, 조직의 전반적인 성과와 만족도를 높이는 데 기여한다. 이는 일관된 조직문화를 형성함으로써 조직의 핵심 가치와 신념을 구체적인 행동으로 전환하고 모든 구성원이 동일한 방향성을 가지고 업무에 임하도록 돕는 데 효과적이다. 또한 정기적인 팀 리추얼은 팀원 간의 상호작용 기회를 늘리고, 공동의 목표를 향해 협력하는 경험을 축적하게 하여 팀 내 결속력을 강화하고 서로에 대한 이해와 신뢰를 깊게 하는 데 필수적이다. 특정 형식과 규칙을 가진 리추얼은 의사소통을 더욱 명확하고 효율적으로 만들며, 불필요한 구두 보고를 줄이고 핵심 내용을 사전에 공유하여 심도 있는 토론을 가능하게 한다. 더불어 빠르게 변화하는 비즈니스 환경에서 팀 리추얼은 조직이 새로운 도전에 유연하게 대응하고 적응하는 데 필요한 심리적 안정감과 실행력을 제공하며, 예측 가능한 리추얼은 불확실한 상황 속에서도 팀원들이 흔들리지 않고 집중할 수 있는 기반을 마련한다. 궁극적으로 자신의 의견이 존중받고, 팀 활동에 적극적으로 참여하며, 의미 있는 성과를 창출하는 과정을 경험함으로써 직원들의 만족도와 업무 몰입도가 자연스럽게 증가하며, 이는 긍정적인 직장 분위기를 조성하고 인재 유치 및 유지에도 긍정적인 영향을 미친다.

팀 리추얼은 조직의 가치를 행동으로 구현하고 문화를 혁신하는 강력한 수단이다. 이를 통해 일관된 조직문화를 구축하고, **팀워크, 의사소통의 질, 직원 만족도 등을 높여 궁극적으로 조직의 지속 가능한 성장과 경쟁력 확보에 핵심적인 기여를 한다.** 팀 리추얼의 성공적인 도입과 정착을 위해서는 <u>조직의 문화적 특성 및 각 팀의 개별적 특성을 고려한 맞춤형 리추얼 개발이 필수적이다.</u> 또한, 리더들이 팀 리

팀 리추얼 사례	설명
Check-in Questions	매번 회의 시작 시 하는 특정 질문. 특별한 성취나 구성원의 헌신적인 노력 등 사례
그라운드룰 데이	한 달에 한 번 그라운드룰과 관련한 각자의 경험을 공유
아름다운 실패상	기대한 결과는 이루지 못하였지만 과정에서 보여준 끈기, 노력, 치밀함을 칭찬하고 보상
실패 보너스	성공 가능성이 없는 진행 중 프로젝트의 실패를 선언. 프로젝트 실상을 정확히 파악하여 자원 낭비를 막은 것을 칭찬하고 보너스를 지급
Unsung Hero	큰 과제를 성공적으로 마쳤을 때 주목을 받지 못하였지만 소리 없이 자신을 희생하며 역할을 한 팀원에게 감사의 편지와 상을 제공
팀복 입고 출근하기	팀의 사명 등이 새겨진 팀복을 특정한 날에 입고 출근하기
토템 꾸미기	프로젝트에 중요한 진전이 있을 때마다 인형이나 식물 등을 치장
특별한 공간에서의 미팅	한 달에 한 번 회의를 야외, 레스토랑, 공원 등에서 진행
팀 머그잔	신입 팀원이 들어올 때 마다 팀의 정체성을 표현하는 팀 머그잔 제공
음악 같이 듣기	가상 공간에서 팀원이 선정한 음악을 듣고 공감하며 격려
회의실에 빈 의자	회의실에 고객이 앉아 있다고 가정하여 고객 관점에서 생각하고 의사결정 유도

추얼을 적극적으로 지지하고 참여하며 모범을 보이는 것이 중요하며, 이를 위한 리더십 훈련 프로그램이나 가이드라인을 제공하는 것 또한 효과적인 방안이 될 것이다.

Key Questions

- 우리 팀에서 현재 실행 중인 리추얼은 무엇이며, 이것이 팀 문화에 어떤 영향을 미치고 있는가?

- 만약 새로운 팀 리추얼을 도입한다면, 우리 조직의 어떤 가치나 목표를 반영하고 싶은가?

- 팀 리추얼이 형식적인 절차에 그치지 않고 진정한 문화로 자리 잡기 위해서는 어떤 노력이 필요할까?

- 디지털 시대와 원격 근무 환경에서, 효과적인 팀 리추얼을 어떻게 개발하고 유지할 수 있을까?

14

회의 운영 가이드라인, 실천력을 높일 수 있는 방법은 무엇인가?

다수의 조직은 회의가 정해진 시간 내에 효율적으로 진행될 수 있도록, 회의의 방향성을 유지하고 목표 달성에 집중할 수 있도록, 그리고 의견 교환이 자유롭고 건설적으로 이루어질 수 있도록 **회의 가이드라인을 제정**한다. 구글, 아마존, 넷플릭스와 같은 선진 기업들의 사례는 회의 가이드라인이 어떻게 적용되고 어떠한 긍정적 효과를 가져올 수 있는지 명확히 보여준다. 그러나 많은 기업의 회의를 모니터링하다 보면, 잘 구성된 회의 운영 가이드라인이 있음에도 불구하고 이들이 제대로 준수되지 않고 있음을 쉽게 목격하게 된다. 여기에는 다양한 이유가 존재한다. 기존의 익숙한 방식을 고수하려는 심리적 저항에서 비롯될 수도 있고, 가이드라인의 목적과 중요성을 충분히 이해하지 못한 경우도 있으며, 리더들이 가이드라인을 적극적으로 실천하지 않아 구성원들 또한 이를 따르지 않는 원인도 존재한다. 또한, 가이드라인 적용 과정에서 발생하는 문제나 불만 사항에 대한 적절한 피드백이 이루어지지 못한 경우도 있다. 그렇다면 회의 운영 가이드라인을 어떻게 수립해야 실천력을 높일 수 있을까? 많은 조직에서 간과하기 쉬운, 가이드라인의 수립, 공유, 실천을 요청하는 전 단계에서 유의해야 할 사항들이 존재한다.

대부분의 회의 운영 가이드라인은 인사HR 부서 혹은 조직문화 팀이 주도하여 제정된다. 설문조사나 워크숍 활동을 통해 취합된 구성원들의 의견을 기반으로 가이드라인을 도출하고, 담당 임원의 승인을 받아 확정된 후 전 구성원들에게 전달되는 것이 일반적인 프로세스이다. 이러한 과정에 대해 우리는 의문을 제기할 필요가 있다.

회의 운영 가이드라인 또한 사람들의 마음을 움직여 그들의 태도와 행동을 변화시키는 작업이다. 다시 말해, 조직이 원하는 바를 구성원들이 스스로 행하도록 유도하는 과정이다. 따라서 핵심 가치나 일하는 방식을 수립하는 것과 마찬가지로 **변화관리 관점에서 접근하여야 한다.** 변화는 어려운 일이다. 변화의 주체는 사람이기 때문이다. 회의의 모습을 변화시키기 위해 가이드라인을 만들고, 단순히 요청하고, 설득하는 접근 방식은 제대로 작동하기 어렵다. 다수의 조직에서 운영되는 회의 가이드라인 관련 관행을 분석해 보면, 90% 이상이 어떠한 형태로든 **'밀어붙이기' 방식**을 채택하고 있음을 알 수 있다. 강하게 밀어붙이느냐 혹은 부드럽게 밀어붙이느냐의 차이가 있을 뿐이다. 회의 운영 가이드라인을 변화관리 차원에서 다루어야 할 이슈라는 데 동의한다면, 아래와 같은 예상 장애 요인을 분석적으로 살피고 이를 극복할 방안을 세밀하게 수립할 것을 제안한다.

변화에 대한 반작용 극복 방안

조직이 자신에게 무언가를 하도록 요청할 때, 심지어 특정한 방식으로 지시하려고 할 때, 구성원들은 그러한 지시나 요청을 무시하거나, 회피하며, 심지어 반론을 제기하고 싶어 한다. 비록 그것을 요청하는 주체의 논리가 매우 합리적이라 할지라도 이러한 경향은 다르지 않다. 겉으로는 순응하는 것처럼 보일지 모르나 실제로는 조직의 설득이 왜 틀렸는지, 왜 실천할 수 없는지에 대한 이유를 끊임없이 찾으려 한다. 새로운 방식의 행동을 설득하고 요청하는 **'밀어붙이기' 방식의 조직 변화는 성공을 거두기 어렵다.** 실제 회의문화 개선 프로젝트에서 고객사 구성원들의 의견을 경청하다 보면, "회의 자료는 서술형으로 작성한다", "회의 참석자는 직급에 상관없이 자유롭게 소통한다"와 같이 합리적으로 보이는 가이드라인조차 불만을 제기하고 반발하는 모습을 목격하게 된다.

변화에 대한 반작용을 극복하는 가장 좋은 방법은 <u>**밀어붙이는 것이 아니라 회의 가이드라인을 만드는 프로세스에 더욱 많은 구성원을 참여하게 함으로써 그들 스스로를 설득할 수 있도록 유도하는 것이다.**</u> 실제로 특정 프로젝트에서는 핵심 인재 그룹이 주도하여 만든 가이드라인 초안을 각 팀에 전달하여 팀원 피드백을 두 번 수렴하는 과정을 거치도록 하고, 이후 최종 버전을 확정하는 프로세스를 적용한 바 있다. 현실적인 여건상 조직 내 모든 구성원이 가이드라인 수립 단계에 두 번이나 직접 참여하여 자신의 의견을 제시하는 것이 어려울 수도 있다. 그러나 이는 수립 단계에서 소외된 구성원들을 단순히 설득하거나 요청하는 것보다 훨씬 효율적이고 효과적인 방법이다. 이 과정에서 중요한 것은 <u>**구성원들에게 선택권**</u>

을 제공하는 것이다. 하나의 안을 제시하고 동의 여부나 의견을 묻기보다 여러 개의 안을 제시하고 선택권을 제공하는 것이 구성원들에게 더욱 강한 프로세스 오너십을 부여한다. 그리고 팀원 피드백 세션에서 팀장들은 단순히 설득하기보다 질문하는 요령을 발휘하는 것이 중요하다. 우리의 회의가 어떻게 달라져야 하는지, 이상적인 회의는 무엇을 의미하는지 등 이미 만들어진 가이드라인 안을 설명하기보다 팀원들의 생각을 끌어내기 위한 질문을 던지는 것이 피드백 세션에서 매우 중요하다고 할 수 있다.

현상 유지 편향 극복 방안

사람들은 변화를 고려할 때마다 현재 상태인 현상 유지와 비교한다. 새롭게 만든 회의 가이드라인을 적극적으로 실천하지 않아도 특별히 나쁜 일이 발생할 것으로 생각하지 않거나, 혹은 특별한 이득이 없다고 판단하면 현재의 상태를 유지할 가능성이 높다. 이러한 **현상 유지 편향은 조직의 발전을 저해하는 주요 요인이다.** 그러나 현상 유지의 선택은 느리지만 구성원들의 사기를 저하하고, 매번 회의에서 느끼는 부정적인 감정을 타개하기 위한 변화의 필요성에 눈을 감아버림으로써 잘못된 것을 더욱 열심히 하는 상황을 지속하게 만든다.

과거의 익숙한 회의 방식을 고수하려는 태도를 변화시키기 위해 취하는 일반적인 접근 방식은 새로운 회의 가이드라인이 가져올 긍정적인 변화에 초점을 맞추는 것이다. 구글, 넷플릭스, 아마존의 회의문화를 소개하고, 다수의 구성원이 느꼈던 회의 문제점들이 해소됨으로써 글로벌 베스트 프랙티스에 한 발짝 더 가까이 갈 수 있음을 역설한다. 그러나 경험상 긍정적 변화에 초점을 맞추는 접근보다 그 반대에 초점을 맞추는 것이 더 효과적이다. 즉, **회의문화가 바뀌지 않을 경우 처러야 할 미래의 고통과 대가가 무엇인지를 생생하게 제시하는 것이다.** 구성원들 인터뷰를 통해 수집된 회의에서의 부정적인 경험이 가져올 폐해에 대해 다양한 시나리오를 만들고 이를 영상 자료로 제작하여 전 구성원들과 공유함으로써 현상 유지를 선택할 가능성을 낮추는 아이디어는 좋은 반응을 얻은 바 있다. 이러한 접근은 변화의 필요성을 더욱 절실하게 느끼게 하여 능동적인 참여를 유도한다.

새로운 가이드라인
실천 가속화 방안

수천 명이 참가하는 마라톤 대회에서 출발 총성과 함께 모든 선수가 동시에 출발선을 넘지 않는 것처럼, 새로운 회의 운영 가이드라인이 전사적으로 공표된다 하더라도 새로운 방식에 참여하고 적응하는 태도나 속도는 개인마다, 부서마다 다를 수 있다. 모든 구성원이 '레이스'에 참여하고 있고 올바른 방향으로 '뛰고 있는' 한, 그들이 뒤처지지 않게 하고 더욱 빠르게 나아가도록 할 수 있는 것은 **리더들의 헌신적인 노력뿐이다.** 새로운 가이드라인의 실천을 확산시키고 가속화하기 위해서 모든 구성원을 한꺼번에 설득하려 들기보다, **변화에 가장 호응할 수 있는 집단을 선정하여 이른 시일 내에 모범 사례를 만드는 것이 중요하다.** 이러한 얼리어답터 집단의 리더는 구성원들과 감성적 유대를 강화하는 리더십을 갖춘 리더인 것이 바람직하다. 변화는 극도로 개인적인 경험이며 근본적으로 감정에 관한 것이기 때문이다. 단기간에 가시적인 성공 사례는 새로운 회의문화에 대한 불확실성을 제거하고 확신을 갖게 하며, 추진 동력을 얻는 데 필수적이다. 이처럼 성공적인 초기 도입 사례를 통해 긍정적인 파급 효과를 창출하는 것이 전체 조직의 변화를 끌어내는 핵심 동력이 될 것이다.

    회의 운영 가이드라인의 실천력을 높이려면 단순히 지시하는 방식을 넘어 변화관리 관점에서 접근해야 한다. 구성원들의 적극적인 참여를 유도하고, 현상 유지의 위험성을 명확히 제시하며, 리더의 헌신적인 솔선수범을 통해 성공적인 모범 사례를 창출하는 것이 중요하다. 이러한 노력을 통해 가이드라인은 조직문화의 핵심 요소로 자리매김하고 궁극적으로 조직의 생산성과 혁신 역량을 강화할 것이다.

Key Questions

- 우리 조직에서 회의운영 가이드라인이 잘 지켜지지 않는 주된 이유는 무엇이라고 생각하는가?

- 회의운영 가이드라인 수립 과정에 구성원들의 참여를 늘리면, 어떤 긍정적인 변화가 일어날 수 있을까?

- 현상 유지 편향을 극복하기 위해, 우리 조직에서는 어떤 구체적인 전략을 사용할 수 있을까?

- 회의문화 개선을 위한 변화 과정에서 리더의 역할이 중요한 이유는 무엇이며, 리더들은 어떤 행동을 통해 변화를 촉진할 수 있을까?

15

정보 공유성 회의는 어떻게 해야 하는가?

월요일 아침 9시 정각, 주간 업무 공유 회의가 시작되었다. 발표자는 묵묵히 PPT를 넘겼고, 구성원들은 익숙한 표정으로 화면을 응시하였다. 매출 추이, 프로젝트 현황, 주요 일정, 그리고 늘 마지막을 장식하는 '기타 공유 사항'까지. 회의는 매끄럽게 진행되었으나, 참석자 중 누구도 특별한 감정을 느끼거나 인사이트를 얻지 못했다.

문득 이런 생각이 들었다. **'우리는 왜 이토록 값비싼 시간과 공간을 들여, 이 유사한 이야기를 반복하고 있는 것일까?'** 형식은 그럴듯

하였지만, 그 본질은 어디에도 존재하지 않았다. 아이디어보다는 관행이, 질문보다는 절차가, 의미보다는 '문제없음'이 중심이 되는 시간이었다. 발언은 있었으나, 진정한 대화는 부재하였다. 무엇보다 '이 회의를 왜 개최하였는가'에 대한 감각이 잔류하지 않았다. 이러한 회의는 다수의 조직에서 매주 반복되고 있으나, 정작 누구도 그것을 문제라고 지적하지 않는다.

2015년 출간된 책 〈가짜 회의 당장 버려라〉를 통해 정보 나열형 회의를 폐지해야 한다고 주장했다. 주간 회의, 월간 회의처럼 정형화된 회의는 절차에만 집중된 시간 낭비로 간주되었고, 이에 회의를 없애야 한다고 강하게 주장한 적도 있다. 실제로 특정 조직에서는 '회의 없는 수요일'을 만들기도 하였으며, 오후 6시 이후 시스템 셧다운으로 회의 자체를 제한하기도 했다. 그러나 시간이 지나며 분명해졌다. **문제는 회의 그 자체가 아니라, 회의를 '운영하는 방식'에 있었다.** 회의를 줄였지만 정보의 흐름은 막히고, 팀원들도 각자도생하게 되었으며, 리더는 여전히 보고만을 요구했다. 회의가 사라졌지만, 정작 중요한 정보와 감각은 사라지지 않고 분산되었던 것이다.

정보 공유성 회의는 폐지해야 할 대상이 아니다. 이는 재설계되어야 할 시간이다. 회의의 목적은 누군가 정보를 '수집'하거나 '보고'

하는 것이 아니라, 모든 구성원이 동일한 정보 기반 위에서 연결되고, 함께 판단할 수 있도록 '동기화'하는 데 있다. 정보는 흐를 때 의미를 가진다. 왼손이 한 일을 오른손이 알고, 각자의 감각이 같은 흐름 속에서 연결될 때 비로소 조직의 시너지가 발생한다.

그렇다면 어떻게 정보 공유성 회의를 의미 있게 운영할 수 있을까? 시스템이 부재한 상황에서 정보 공유 회의를 완전히 없앨 수는 없지만, 모두가 불만인 현재의 방식을 바꿀 수는 있다. 핵심은 '단순 정보 나열'을 넘어 '가치 있는 동기화'의 시간으로 만드는 것이다. 전체 회의 프로세스 중 약 80%는 비동기적Asynchronous 방식으로 사전 정보 공유와 이해 정렬에 사용하고, 나머지 20%의 실제 회의 시간은 동기적Synchronous 방식으로 핵심 쟁점 논의와 의사결정에 집중하는 방식으로 전환해야 한다. 이러한 구조적 전환은 불필요한 반복과 시간 낭비를 줄이고, 회의의 생산성을 높이는 실질적 해결책이 될 수 있다.

비효율적인 정보 공유 회의를 효과적으로 바꾸기 위한 단계별 변화는 다음과 같다.

회의 전: 자료는 듣기 전에 읽게 하라

가장 중요한 변화는 회의실에서 정보를 처음 듣는 상황을 없애는 것이다. 주관자는 최소 하루 전, 공유될 내용을 1~2페이지로 요약해 미리 전달해야 한다. 이때 참석자의 숙제는 '자료를 읽고 질문 준비하기'이다. 회의 참석의 범위는 '의견을 준비해 오는 것'까지 포함된다. 회의는 정보를 처음 듣는 자리가 아니라, 이미 읽은 내용에 대해 논의하는 자리여야 한다.

안건도 목표 중심으로 바꿔야 한다. 'A팀 업무 공유'가 아니라 'X프로젝트 지연 현황 파악 및 해결 방안 모색(10분)'처럼 회의의 결과물에 초점을 맞춰야 한다. 그러면 "내가 이 회의에 왜 참석해야 하지?" 하는 의문이 사라지고, 각자 기여할 부분을 명확히 알게 된다.

회의 중: '보고'가 아닌 '논의'와 '해결'에 집중하라

사전 공유가 잘 되었다면, 회의 시간은 획기적으로 단축되고 밀도가 높아진다. 주관자는 "자료는 다 읽어오셨다는 전제하에, X프로젝트 지연 이슈부터 바로 논의 시작하겠습니다"와 같이 발표 시

간을 생략하고 바로 핵심 안건으로 들어가야 한다.

이때 모든 공유는 '그래서 뭐?So What?' 관점으로 이뤄져야 한다. 단순히 자기 업무를 나열하는 게 아니라, "이 업무가 다른 팀에 어떤 영향을 미치는지", "현재 어떤 도움이 필요한지"를 중심으로 이야기해야 한다. "A 개발을 완료했습니다"가 아니라, "A 개발은 완료했지만, 테스트 중 이슈가 발견되어 마케팅팀의 확인이 필요합니다. 오늘 가능할까요?"와 같이 대화의 초점을 '논의'와 '해결'에 맞추는 것이다.

진행자는 각 안건의 시간을 지키고, 논의가 곁가지로 새지 않도록 개입해야 한다. 당장 결론 내기 어렵거나 주제에서 벗어난 이야기가 나오면, 화이트보드 한쪽에 '아이디어 주차장Idea Parking Lot'을 만들어 키워드만 적어두고 나중에 따로 논의하면 된다.

회의 후: 명확한 '할 일' 목록을 공유하라

회의의 결과는 구체적인 '할 일Action Item'로 이어져야 한다. 회의록은 논의 내용을 요약하는 것이 아니라, '누가, 무엇을, 언제까지' 할 것인지 명확히 정리한 목록이어야 한다. 주관자는 회의가 끝나자마자 이 할 일 목록을 공유하여 모두가 같은 내용을 인지하도록 해야 한다.

성공적인 정보 공유 회의를 위한 8가지 원칙

단순히 회의 횟수나 시간을 줄이는 것만으로는 회의의 질을 높일 수 없다. 다음은 정보 공유 회의를 의미 있게 만들기 위한 8가지 원칙이다.

① **회의는 '보고'가 아닌 '논의'의 시간이다.** 한 명씩 돌아가며 보고하는 것은 가장 비싼 정보 전달 방식일 뿐이다. 단순 정보 전달은 사전 공유 자료로 대체하고, 회의에서는 토론과 문제 해결에만 집중해야 한다.
② **사전 공유 없는 회의는 없다.** 회의실에서 처음 보는 자료는 참석자를 수동적인 청중으로 만든다. 사전 학습은 깊이 있는 논의를 위한 최소한의 준비물이다.
③ **모든 회의에는 명확한 '목표'와 '결과물'이 있어야 한다.** "이 회의가 끝나면 우리는 무엇을 알게 되거나 결정해야 하는가?"를 명확히 정의해야 논의의 방향을 잃지 않는다.
④ **듣기만 할 사람은 참석하지 않는다.** 불필요한 참석자가 많아질수

록 책임감과 집중도는 떨어진다. 의견을 내거나 의사결정을 할 핵심 인원만 참석하고, 단순 참고 대상자는 회의록으로 공유하면 충분하다.

⑤ **모든 공유는 '그래서 우리는 무엇을 해야 하는가?'로 귀결되어야 한다.** "A 업무를 완료했기 때문에, B팀은 오늘부터 C 업무를 시작할 수 있습니다"와 같이 다른 사람의 행동으로 이어지는 맥락을 함께 전달해야 한다.

⑥ **정보 수요자 중심으로 회의를 설계해야 한다.** 리더가 듣고 싶은 내용이 아니라, 참석자 모두가 알아야 할 공통의 정보 중심으로 회의를 구성해야 한다.

⑦ **내용을 가장 잘 아는 사람이 회의를 이끌어야 한다.** 정보 공유 회의는 직급보다 정보의 흐름을 잘 아는 사람이 '정보 해설자'로서 이끌 때 훨씬 효과적이다.

⑧ **리더는 통제권을 내려놓고 결정권을 위임해야 한다.** 리더가 회의의 모든 흐름을 통제하고 발언을 독점하면 구성원들은 소극적으로 변한다. 구성원 각자가 판단하고 행동할 수 있도록 신뢰를 기반으로 결정권을 위임하는 자세가 필요하다.

회의는 특정인을 위한 시간이 아니라 모두가 주체가 되어 함께 이해하고 판단하는 시간이어야 한다. 이제 "왜 회의를 하는가?"라는 질문보다 "이 회의가 우리를 어떻게 함께 움직이게 하는가?"라는 질문을 던져야 할 때이다. 정보는 흘러야 의미가 있고, 회의는 흐르게 해야 비로소 살아난다.

Key Questions

- 정보 공유가 회의의 전부가 되어버린 시대, 우리는 어떻게 해야 정보 중심 회의를 '이해 중심의 대화'로 전환할 수 있을까? 정보 공유 회의를 어떻게 새롭게 설계해야 할까?

- 리더가 정보를 수집하는 자리가 아닌 팀이 정렬되는 시간으로 회의를 만들기 위해 우리는 무엇을 준비하고 어떤 도구와 방식을 채택해야 할까?

- 정해진 발표 순서와 형식적인 공유 속에서 흐르지 못하는 '진짜 정보'를 드러내기 위해 우리는 어떤 질문을 던지고, 어떤 실험을 시작해야 할까?

- 루틴처럼 반복되는 주간회의, 월간보고 회의를 팀의 에너지와 방향을 정렬하는 시간으로 전환하기 위해 우리는 어떤 기준과 원칙을 마련해야 할까?

16

AI 시대 회의, 어떤 방식으로 진화하고 있는가?

클라우드 기반 통합 커뮤니케이션 서비스 UCaaS: Unified Communications as a Service는 핵심적인 역할을 담당하고 있다. Zoom, Microsoft Teams, Google Meet 등의 플랫폼은 다양한 협업 기능을 단일 인터페이스에서 제공하며, 기업의 커뮤니케이션 방식을 혁신적으로 변화시키고 있다. 이러한 UCaaS 영역에서 가장 주목받는 기술 혁신은 바로 **인공지능**AI**의 통합**이다.

UCaaS 제공업체들은 자체 개발 AI 모델뿐만 아니라 챗GPT, 클로드Claude, 코파일럿Copilot과 같은 최신 생성형 AI 기술을 적극적으로 도입하고 있다. 이와 더불어 copy.ai와 같은 AI 기반 콘텐츠 생성 도구, 아보마^{Avoma}와 같은 지능형 회의 보조 시스템, 노션^{Notion}과 AI 통합 생산성 향상 플랫폼과의 연계를 통해 사용자 경험을 획기적으로 개선하고 있다. 이러한 AI 기술의 통합은 단순한 기능 추가를 넘어, 회의의 모든 단계를 혁신적으로 변화시키는 동력으로 작용하고 있다.

AI 통합이 가져오는 회의의 현재와 미래

AI 기술의 통합은 회의 전반에 걸쳐 이미 놀라운 변화를 불러오고 있다. **실시간 언어 번역, 지능형 노이즈 제거, 참석자 감정 분석, 실시간 팩트 체크, 자동 회의록 작성, 작업 할당 및 추적, 후속 이메일 자동 생성** 등 다양한 기능이 이미 구현되어 업무 효율성을 극대화하고 있다. 더욱이 AI는 회의 시간, 빈도, 참석자 수, 회의 안건, 참석자별 참여도 및 기여도 분석 등 방대한 데이터를 분석하여 최적의 회의 패턴을 파악하고, 불필요한 회의를 줄이며 전반적인 생산성을 높이는 지능형 설루션을 제공한다. 이는 회의문화의 비효율성을 근본적으로 해결하고, 조직의 시간과 자원을 더욱 전략적으로 활용할 수 있게 하는 핵심적인 요소이다.

미래의 회의는 아래와 같은 더욱 혁신적인 모습을 갖추게 될 것이다. 이러한 변화는 단순히 기술적 진보를 넘어, 인간의 협업 방식과 의사결정 과정 자체를 재정의할 잠재력을 지닌다.

- **AI 회의 조정자**AI Meeting Facilitator: AI는 의제 관리, 참여 균형 유지, 핵심 포인트 요약, 의사결정 지원, 후속 조치 제안 등을 통해 회의의 효율성과 생산성을 높이는 보조 역할을 수행할 것이다. 이는 회의 진행자의 부담을 경감시키고, 모든 참석자가 논의에 더 집중할 수 있는 환경을 조성한다. 그러나 최종 결정과 회의의 큰 방향은 여전히 인간 참석자들이 주도하게 될 것이다. AI는 인간의 인지적 한계를 보완하고 의사결정의 질을 높이는 도구로서 기능하며, 인간 고유의 통찰력과 직관은 여전히 중요하게 작용할 것이다.
- **예측적 회의 준비**Predictive Meeting Preparation: AI는 과거 데이터와 현재의 비즈니스 환경을 분석하여 향후 발생할 수 있는 문제나 기회를 예측하고, 이에 대비하기 위한 선제적 회의를 제안할 수 있게 될 것이다. 예를 들어, 특정 프로젝트의 지연 가능성을 감지하거나 시장의 새로운 트렌드를 포착하여 관련 부서 간의 협

업 회의를 미리 제안하는 방식이다. 또한, 회의 전에 잠재적 해결책이나 아이디어를 미리 생성하여 제시함으로써 참석자들이 더욱 풍부한 논의를 시작할 수 있도록 돕는다. 이는 회의의 목적성을 강화하고, 비상 상황에 대한 조직의 대응력을 획기적으로 높일 것이다.

- **개인 맞춤형 AI 회의 도우미**Personalized AI Meeting Assistant: 미래에는 회의 참석자마다 자신만의 AI 도우미를 갖게 될 것이다. 이 AI 도우미들은 서로 정보를 주고받으며 협력하여 회의를 더욱 효과적으로 만들 것이다. 예를 들어, 마케팅팀의 직원이 새로운 아이디어를 제안하면, 그 직원의 AI 도우미가 재무팀 직원의 AI 도우미에게 이 아이디어의 비용 정보를 요청하여 실시간으로 분석 결과를 제공할 수 있다. 이처럼 AI 도우미들이 서로 협력하여 회의 참석자들이 더욱 풍부하고 정확한 정보를 바탕으로 논의할 수 있도록 지원하며, 개인의 전문성을 극대화하는 동시에 부서 간의 경계를 넘어선 유기적인 협업을 촉진할 것이다.
- **실시간 시뮬레이션 및 모델링**Real-time Simulation & Modeling: 회의 중 제안된 아이디어나 결정 사항의 잠재적 영향을 AI가 실시간으로 시뮬레이션하고 시각화하여 보여줄 수 있을 것이다. 예를 들어, 새로운 제품 출시 전략이 매출에 미칠 영향이나 특정 정책

변경이 직원 만족도에 미칠 파급 효과 등을 즉각적으로 예측하고 그래프나 3D 모델 등으로 시각화하여 제시함으로써, 참석자들은 더욱 명확한 데이터를 기반으로 의사결정을 내릴 수 있게 된다. 이는 불확실성을 줄이고 더 나은 의사결정을 가능케 할 것이다.

- **완벽한 다국어 지원**Seamless Multilingual Support: 언어 장벽이 완전히 사라질 것이다. AI는 단순히 번역을 넘어 문화적 뉘앙스까지 고려하여 의사소통을 원활하게 만들 것이다. 이는 글로벌 팀 간의 협업을 비약적으로 발전시키고, 다양한 문화적 배경을 지닌 구성원들이 동등한 조건에서 아이디어를 교환하고 협력할 수 있는 환경을 조성한다. 진정한 의미의 글로벌 협업 시대가 열리는 것이다.

- **현실과 같은 가상 회의실**Immersive Virtual Meeting Spaces: VR/AR(가상현실/증강현실) 기술과 AI의 결합으로, 미래의 회의는 마치 한 공간에 있는 것 같은 몰입감 있는 경험이 될 것이다. 참석자들은 가상 회의실에서 만나 실제와 구분하기 힘든 상호작용을 할 수 있게 된다. AI는 각 참석자의 표정과 제스처를 실시간으로 분석하여 아바타에 반영함으로써 자연스러운 비언어적 의사소통을 가능케 하며, 3D 프로젝트 모델이나 데이터를 직관적으로 조작

하고 공유할 수 있다. 이러한 기술은 원격 근무의 한계를 허물고 글로벌 협업을 더욱 효과적으로 만들어, 비즈니스 방식에 혁명적인 변화를 불러올 것이다. 시간과 공간의 제약을 넘어선 새로운 차원의 협업이 가능해지는 것이다.

이러한 혁신적인 변화는 새로운 과제 또한 제시한다. 기업들은 **데이터 프라이버시 보호, AI 사용의 윤리적 기준 설정, 그리고 기술 의존도 증가에 따른 인간 상호작용의 가치 유지** 등을 심도 있게 고려해야 한다. AI가 개인의 데이터를 분석하고 활용하는 과정에서 발생할 수 있는 잠재적 위험에 대한 철저한 대비가 요구되며, AI의 판단이 인간의 윤리적 가치와 상충하지 않도록 명확한 기준을 수립해야 한다. 또한, 기술의 편리함에 매몰되어 인간 고유의 공감, 직관, 비판적 사고 등 핵심적인 상호작용 능력이 퇴화하지 않도록 균형 잡힌 접근이 필요하다.

이러한 변화에 대비하여 조직 구성원 개인은 **디지털 리터러시를 향상하고, 데이터 분석 능력을 개발하며, 창의성, 비판적 사고, 감성 지능 등 소프트 스킬을 강화**해야 한다. AI가 대체할 수 없는 인간 고유의 역량을 키우는 것이 미래 경쟁력 확보의 핵심이 될 것이다. 또한 변화에 대한 열린 태도를 가지고 지속적으로 학습하는 자세가 필요하며, 건강한 디지털 습관을 형성하여 디지털 피로를 관리하는 것 또한 중요하게 고려되어야 한다.

  궁극적으로 AI는 회의를 더 효율적이고 생산적으로 만들 잠재력을 지닌 강력한 도구이지만, 이를 어떻게 활용하고 관리할지는 온전히 우리의 몫이다. 조직과 개인이 이러한 기술 변화에 적절히 대응하고 준비한다면, 우리는 기술과 인간의 조화로운 협력을 실현하고 더욱더 혁신적이고 생산적인 업무 환경을 구축해 나갈 수 있을 것이다.

Key Questions

- AI가 회의의 효율성과 생산성을 높이는 상황에서, 우리는 어떻게 '회의'라는 개념 자체를 재정의하고 그 목적을 다시 생각해 볼 수 있을까? AI 시대에 '인간 대 인간' 회의의 고유한 가치는 무엇일까?

- AI 기반 회의 시스템이 보편화된다면, 조직문화와 의사결정 구조는 어떻게 변화할 것이며, 이에 따른 새로운 리더십 모델은 어떤 모습일까?

- AI가 회의의 효율성을 극대화하는 상황에서, 창의성과 혁신을 위한 자유로운 토론과 아이디어 교환의 공간을 어떻게 확보하고 발전시킬 수 있을까?

- AI 기술이 회의 과정에 깊이 관여하게 되면서 발생할 수 있는 윤리적 딜레마(예: 프라이버시, 데이터 편향, 의사결정의 책임 소재 등)에 대해 우리는 어떻게 대비하고 대응해야 할까?

에필로그
중요한 것은 포기하지 않는 것이다

"조직 변화 시도의 몇 퍼센트가 실패할까요?"

이 질문을 현장에서 던지면, 열에 아홉은 고개를 저으며 "90% 쯤 되지 않을까요?", "제 경험으로는 95%입니다", 혹은 "100%입니다"라고 단호하게 답변한다. 이는 얼핏 농담처럼 들릴 수 있으나, 그 안에는 씁쓸한 진심이 담겨 있다. 변화가 실패로 귀결되었던 경험들이, 굳이 언어로 표현하지 않아도 발언자들의 목소리, 표정, 자세에 그대로 배어 있기 때문이다.

그런데도 일부는 "그래도 절반 정도는 성공하지 않나요?"라고 반문하기도 한다. 이러한 믿음은 실제로 변화를 성공적으로 경험했거나, 변화의 일부라도 현실에서 실현된 것을 긍정적으로 받아들이는 이들의 태도일 것이다. 어떤 의미에서든 '희망'을 놓지 않는 이들이 존재한다는 사실은 분명히 고무적인 현상이다.

조직 변화 이론의 고전이라 할 수 있는 워너 버크^{Warner Burke}의 〈Organization Change〉에 따르면, 조직 변화 시도의 약 **75%가 실패로 귀결**된다고 한다. 이 수치는 오랜 기간 축적된 실증 연구와 다양한 기업의 실제 사례들을 기반으로 도출된 것으로, 수많은 리더가 체감하고 있는 현실과도 맞닿아 있다. 저자 역시 수백 명의 리더들과 변화 프로젝트를 함께하면서, 이 수치가 결코 과장이 아님을 확인할 수 있었다. 각자의 경험을 숫자로 환산하게 해보면, 성공은 30%, 실패는 70%를 넘기는 경우가 대부분이었다.

이와 관련하여 늘 떠오르는 고전적인 사례가 있다. 바로 **'소의 무게 맞추기' 이야기**이다. 1906년, 영국의 통계학자 프랜시스 골턴 Francis Galton은 한 축제에서 소의 무게를 맞추는 이벤트를 관찰하였다. 약 800명의 사람이 각자 소의 무게를 예측하여 투표하였고, 그 예측치는 들쭉날쭉하였다. 그러나 골턴이 모든 추측값을 평균 냈더니, 실제 무게 1,198파운드에 단 1파운드밖에 차이 나지 않는 1,197파운드가 도출되었다.

이 놀라운 결과는 개인의 판단은 오류를 포함할 수 있어도, **집단 전체의 평균은 놀라운 정확도를 가질 수 있다는 사실**을 보여주었다. 골턴은 이를 계기로 **'집단지성**Wisdom of Crowds' **개념을 정립**하였고, 이 개념은 오늘날까지도 조직 이론과 변화관리, 사회적 협업의 핵심 이론으로 활용되고 있다.

이 사례가 우리에게 주는 통찰은 명확하다. 변화에 대한 개인의 체감은 다를 수 있으나, 다수의 경험과 판단이 모이면 매우 현실적인 진단이 된다는 것이다. **"조직 변화는 대부분 실패한다"는 직관이 단순한 비관이 아닌, 누적된 경험의 통계적 반영이라는 점에서 우리는 그 직관을 간과해서는 안 된다.**

그러나 우리는 여기서 멈출 수는 없다. 실패의 가능성이 높다는 이유만으로 변화를 포기해서는 안 된다. 오히려 실패율이 높다는 사실은, 우리에게 **더욱 정교하고 섬세한 접근이 필요하다는 사실을** 시사한다. 다양한 관점을 경청하고, 구성원들의 경험을 수렴하며, 현장 중심의 변화 전략을 수립하는 일. 이것이 우리가 변화의 성공률을 높이기 위해 수행해야 할 과제이다.

조직 변화 시도의 75%가 실패한다고 할지라도, **변화하지 않는 조직은 결국 100% 사라진다.** "내가 있는 동안만 잘 돌아가면 되는 것 아닌가요?"라는 안일한 태도는 더 이상 용납되지 않는다. 변화의 실패율이 70%라면, 그 안에서 성공한 30%는 다음 변화를 위한 씨앗이 된다. 이 씨앗은 구성원의 의문 한 줄기, "한번 시도해 보자"는 작은 시도 하나로부터 발아한다. 설령 실패했더라도, 남은 흔적이 다음 성공의 가능성을 증진케 한다. 그렇기에 변화는 실패하더라도 늘 '희망'을 남긴다.

우리는 지금 **'변화만이 유일한 상수'인 시대**에 살고 있다. 변화의 속도가 빠를 뿐만 아니라, 변화의 방향마저 예측하기 어려운 세상이다. 어떤 이는 이 변화에 저항하는 듯하지만, 자세히 들여다보면 그 안에는 적응과 조정의 흔적이 숨어 있다. 어떤 이는 아무런 발언도 하지 않지만, 이미 행동을 변화시켜 나가고 있다. 반면 어떤 이는 변화의 피로감에 빠져 무기력해지기도 한다.

변화가 실패하는 이유는 다양하지만, 많은 경우 전략이나 방향보다 **'사람'을 간과했기 때문**이다. 변화는 결국 사람을 통해 일어나고, 사람과 함께 유지되어야 한다. 회의문화 역시 마찬가지이다. 회의는 변화의 실현장이지, 선언의 무대가 되어서는 안 된다. 회의가 상사의 일방적인 독백으로 끝나고, "알아서 하라"는 지시만 남긴다면, 그 안에서 사람은 절대 움직이지 않는다. 그래서 우리는 질문을 변화시켜야 한다.

"어떻게 변화시킬 수 있을까?"보다는 "어떻게 사람이 움직이게 할 수 있을까?"로, "회의를 줄일 수 있을까?"보다는 "무엇이 바뀌어야 사람들이 발언하게 될까?"로.

조직문화는 곧 일하는 방식이며, 일하는 방식은 결국 사람의 태도로 결정된다. 태도는 설득이 아닌 경험을 통해, 강요가 아닌 의미를 통해, 압박이 아닌 참여를 통해 변화한다. 회의야말로 이 세 가지가 가장 잘 실현될 수 있는 공간이다. 회의 속에서 구성원이 자신의 의견을 개진하고, 타인의 관점을 경청하며, 함께 사고할 수 있는 경험이 반복될 때 조직은 진정한 변화에 가까워진다.

　진정한 변화는 거창한 프로젝트에서 시작되지 않는다. 회의의 질문 한 줄, 팀 리더의 발언 한마디, 구성원의 반응 하나하나에서 시작된다. "이것은 왜 중요할까?", "이 회의는 왜 필요할까?", "우리가 지금 어디로 나아가고 있는가?" 이러한 질문을 던질 수 있는 조직만이, 스스로를 변화시킬 수 있다.

　회의 하나가 변하면 일하는 방식이 변화한다. 일하는 방식이 변화하면, 조직은 자연스럽게 변화의 흐름을 타게 된다. 그래서 회의는 변화의 진단서이자 실험실이다. 구성원이 진심을 드러내고, 리더가 조직의 체온을 감지하는 온도계이다. 이 책을 완독한 지금, 혹시라도 "조금 더 일찍 알았더라면…"이라는 생각이 들었다면, 그것만으로도 변화는 이미 시작된 것이다.

　어제 실패했던 변화도 오늘은 다르게 시도할 수 있다. 변화는 포기하지 않을 때만, 우리에게 결과를 보여준다. 그리고 변화는 단숨에 완성되는 것이 아니라, 계속해서 붙들고 지속해 나가는 힘 속에서 점진적으로 현실이 된다.

　변화는 실패할 수 있다. 그러나 변화의 실패는 끝이 아니다. 다시 시작할 수 있다. **포기하지 않고, 작은 단서 하나라도 붙들고, 끝까지 나아가는 사람과 조직이 결국 변화를 현실로 만든다.**

조직개발의 실제

초판 1쇄 발행 2025년 8월 27일

지은이 허연, 최익성

편집 공홍
표지 디자인 스튜디오 사지
내지 디자인 공홍

마케팅 총괄 임동건
마케팅 안보라
경영지원 임정혁, 이순미

펴낸곳 플랜비디자인 | **펴낸이** 최익성
출판등록 제2016-000001호
주소 경기도 화성시 동탄첨단산업1로 27 동탄IX타워 A동 3210호

전화 031-8050-0508 | **팩스** 02-2179-8994
이메일 planbdesigncompany@gmail.com | **인스타** @planb_designcompany

ISBN 979-11-6832-201-1 (03320)

- 이 책 내용의 일부 또는 전부를 재사용하려면 반드시 저작권자와 플랜비디자인 양측의 동의를 받아야 합니다.
- 책값은 뒤표지에 있습니다.

ORGANIZATION
DEVELOPMENT

01